婴童经济4.0

真正看清婴童产业的本质、现状和未来

孙亚彬
孙科炎 著

中国人民大学出版社
·北 京·

前　言

写作缘起

当前，中国各个产业都在努力实现自身的转型升级，从低附加值转向高附加值。而婴童产业作为一个朝阳产业，是为数不多的几个在转型升级过程中还能蓬勃发展的产业，甚至少数优秀的婴童企业已经完成了转型升级。因此，研究婴童产业，不仅对婴童产业自身具有切实的帮助，而且对其他产业的转型升级也有很好的借鉴意义。

站在婴童产业的角度来看，无论需求侧还是供给侧，都在面临全新的变化和挑战。从需求侧来看，相比于社会经济和科学技术，育儿观念成为婴童经济的核心驱动要素，随着中国育儿观念日益多元化，主流育儿观念从“含辛茹苦养育孩子成人”转向“陪伴孩子一起快乐成长”，人们对婴童产品的文化承载、观念内涵、质量安全等提出了更高的要求，需求升级已是不争的事实。从供给侧来看，随着生产要素成本优势的逐渐丧失，婴童产业陷入了同质低价、恶性竞争、结构不合理等困局，为了满足需求升级，供给转型迫在眉睫。

为此，我们联合中国玩具和婴童用品协会，分析了大量的行业数据，采访了数十家婴童企业，组织了包括管理研究专家、行业从业者以及执笔人员等在内的研究团队，对婴童产业进行了深入的研究和分析，力求解决三个问题：婴童产业是个怎样的产业？婴童产业的未来会怎样？婴童产业以及身在其中的婴童企业应该怎么做？而这本《婴童经济 4.0》就是其中的研究成果之一。

书名由来

谈到这里，很多读者一定会有一个疑问，书名为什么要叫《婴童经济 4.0》。“婴童经济”不难理解，但是“4.0”是怎么来的呢？这就需要我们一起来了解一下婴童经济从 1.0 到 4.0 的发展过程。

婴童经济 1.0：三来一补。这种模式最早出现在改革开放初期的广东。当时的广东处于改革开放的前沿，但是除了劳动力便宜外，并无其他优势，于是就搞起了“三来一补”，即来料加工、来样加工、来件装配和补偿贸易。这是中国婴童经济最初的阶段。

婴童经济 2.0：低成本竞争。这种模式出现在 20 世纪 80 年代中后期和 90 年代初期。这时大多数婴童企业开始有了自己的设备、原料供应，掌握了大量的技术工艺。一部分企业虽然不再搞“三来一补”，却在继续为国外品牌做代工，凭借成本优势获得大量订单。一部分企业更为激进，开始建立自己的销售渠道和品牌，主攻方向是国外品牌没有涉足的低价市场。

婴童经济 3.0：差异化竞争。从 20 世纪 90 年代中后期，走差异化路线的婴童企业开始出现。这些企业可以分为两类，第一类是从 OEM（俗称“代工”）向 ODM（俗称“贴牌”）转型，推出自己的产品，建设自己的品牌，“好孩子”就是这种类型的典型代表；第二类是开始通过购买国外 IP（知识产权）授权来开发相关产品，奥飞动漫就是这种类型的典型代表。

婴童经济 4.0：蓝海市场。从 2010 年开始，有些企业，比如奥飞动漫，开始调整战略布局，注重产品的创新研发，甚至进行跨界合作，进入动画制作领域，带动衍生品特别是儿童玩具的热销，在蓝海市场中以更优雅的姿态攻城略地。

目前，中国婴童经济正在从 3.0 走向 4.0。4.0 无疑是婴童经济的未来，也是婴童产业和婴童企业转型升级的方向。这正是本书叫《婴童经济 4.0》的原因所在。

指导思想

为了保证本书既有理论层面的指导意义，又有实践层面的操作价值，既有产业角度的宏观视野，又有企业角度的问题思维，在研究和写作过程中，我们坚持了以下两个基本的指导思想。

（1）**跳出企业，产业视角。**我们尽量避免陷入单个或片面婴童企业案例的研究，而是立足于婴童产业共性进行研究，站在产业的高度真正看清婴童产业的本质、现状、问题和未来，即婴童产业是个怎样的产业，婴童产业的未来会怎样。

（2）**立足实践，服务企业。**站在产业的高度，并不意味着我们只注重理论层面的研究，事实上，产业的共性问题正是基于大量企业的实践和数据，最终目的仍然是服务于产业及企业的决策和实践，即婴童产业以及身在其中的婴童企业应该怎么做。

内容逻辑

为了帮助广大经营者和从业者对婴童产业形成理性、全面、系统的认识，并从婴童产业持续发展的角度，反思婴童产业中个体企业的发展逻辑，以此带动整个产业的转型升级，我们认真构思和设计了本书的内容逻辑。

（1）**产业性质。**即这个产业到底是一个怎样的产业，是什么决定了这个产业的变化和发展。我们研究发现：育儿观念的变化和发展始终驱动着婴童产业的不断变化和向前发展。可以说，婴童产业是一个典型的由育儿观念驱动的经济业态。因此，我们把婴童产业的性质定义为“观念经济”。这是本书第 1 章“观念经济”的主要内容。

（2）**产业前景。**即这个产业未来的发展前景如何，是向好、趋稳还是趋恶。针对婴童产业，我们分别从消费升级、人口红利、技术进步、全球市场四个方面进行了深入研究和分析，最后得出结论：中国婴童产业正在进入一个新的繁荣周期。这是本书第 2 章“繁荣周期”的主要内容。

（3）**产业生态。**即这个产业的大环境和企业之间的关系如何，以及企业如何根据大环境找到适合自己生存的位置。通过研究我们发现，目前婴童产业存在同质低价竞争、处于价值链低端、产区缺乏协同等问题，急需以市场为牵引进行供给侧转型。这是本书第 3 章“供给转型”的主要内容。

（4）**企业经营。**即在产业的大环境下，企业应该如何打造适合自己生存的小环境。我们研究发现，在婴童产业的大环境下，婴童企业重点可以从需求分析、进入时机、口碑打造、构筑壁垒四个方面进行有目的的经营，进而创造企业生存和发展的空间。这是本书第 4 章“科学经营”的主要内容。

（5）**能力建设。**即在同等的产业环境之下，企业要赢得竞争应该如何进行能力打造。通过研究，我们发现，婴童企业可以从创新、生产方式、品牌建设、跨界和资源整合五个方面来打造自己的核心能力，进而形成自己的核心竞争力。这是本书第 5 章“核心能力”的主要内容。

（6）**生存战略。**即企业应该如何立足当下，敏锐地捕捉来自未来的信号，并提前谋划和布局。婴童企业既要聚焦当下，也要面向未来。具体而言，可以从质量标准、互联网、知识产权和人才资本等方面主动进行战略性思考，主动拥抱未来、走向未来。这是本书第 6 章“未来已来”的主要内容。

研究方法

为了更为系统、全面、科学、深入地对婴童产业进行研究，并得出最为真实、可靠、有用的研究结论，服务于产业和企业的实践，我们采用了以下研究方法。

（1）**文献研究。**通过线上线下公开查阅以及支付购买等方式，我们广泛收集、鉴别和整理国内外关于婴童产业发展的相关研究报告、产业产品资讯，了解和掌握婴童产业经济发展与企业经营的相关最新信息，形成对婴童产业的科学认知。

（2）**实证研究。**我们选取了好孩子、奥飞动漫、星辉车模、洋田塑料等十几家婴童企业进行深度调研，并对 10 个产区和其中 66 家婴童企业进行了一般调研，调研范围包括生产现场、实体店、网络销售平台等，由此得到了大量的基础数据和实证分析材料，为研究结论的得出提供了极大的支持。

（3）**比较研究。**我们对婴童产业下不同类别企业之间、同类别企业之间以及国内外婴童企业之间发展的相似或相异程度进行了研究与判断，即将特征各异的不同比较对象纳入一系列相同的维度中进行比较，以此来说明和判定各对象的竞争力。

（4）**专家访谈。**通过面对面座谈、视频会议等多种形式，我们针对婴童产业发展的具体问题，进行深度访谈。专家们的建言献策，使我们对婴童产业形成了更为深刻的认识，对婴童产业运行规律有了更为精准的把握，研究工作由此得以推向深入。

特别致谢

在此之前，关于婴童经济的研究仅限于一些数据的整理、企业案例的报道、小篇幅的文章分析等，可谓“支离破碎”。在这种情况下，对婴童经济进行系统深入的研究并最终成书，是一项非常具有挑战性的工作，同时也是一个团队合作的过程。期间，本书多次推倒重来，可谓几易其稿，在中国玩具和婴童用品协会、研究专家、行业从业者以及执笔人员等的通力合作和不懈努力之下，如今终于与大家见面。在此，一并对所有参与本项目研究和本书写作的单位和个人致以最诚挚的感谢和敬意。

其中，本书的主要研究人员孙亚彬有着十多年的企业管理咨询经验，他在数据和案例的收集与分析、研究资源协调和研究观点形成方面，做了大量的工作；本书的研究指导人员孙科炎有着长期的企业管理研究经验，他在本书的内容框架设计以及编写方面，进行了具体而详尽的指导；中国玩具和婴童用品协会为研究的数据收集和企业采访，进行了大量的资源协调，提供了有力的支持；大量的受访企业及其经营者，提供了大量的一手资料和案例，并切实反映了行业的症结所在；本书的组织者牛桂欣对项目研究过程和资源协调做了大量必不可少的工作；执笔人员孙丽、侯振锋、董颖等也为本书的创作和审定投入了大量的心血。这里，再次表示感谢。

通过研究洞察一个产业并非易事，本书的开创性研究中错误和不当之处在所难免。殷切希望相关研究专家、产业从业者以及广大读者能够批评指正，并提供宝贵的修改建议，以使本书日臻完善。只要本书能给婴童产业及从业者带来些许补助，我们也会倍感欣慰。最后，感谢本书的每一位读者，你的阅读就是对我们最好的肯定。

目　录

第 1 章　观念经济

学习和研究一个产业，进而洞察和捕获产业中的机遇，首先必须弄明白的问题就是：这个产业的性质是什么。通俗点说就是，这个产业到底是一个怎样的产业，是什么决定了这个产业的变化和发展。产业性质是研究一个产业的钥匙，偏离产业性质往往就会导致不得其门而入。

对于婴童产业，我们研究发现：育儿观念的变化和发展始终驱动着婴童产业的不断变化和向前发展。可以说，婴童产业是一个典型的由育儿观念驱动的经济业态，因此，我们把婴童产业的性质定义为“观念经济”。

深度思考

婴童产业变化和发展的驱动力是什么?

人们购买婴童用品的内在原因是什么?

如何洞察婴童产业潜藏的巨大市场空间?

为什么婴童用品要先卖观念后卖产品?

第 1 节　观念驱动

一个产业的形成、变化和发展，受到市场、政策、资金、技术、人才等多个要素的影响，它们是产业共同的驱动力。但是就某个时期来说，总有某个要素作为核心驱动力，起着主导作用。比如，就当前阶段而言，房地产业是典型的政策驱动，IT 行业是典型的技术驱动。搞房地产的如果不了解国家政策，搞 IT 的如果不能敏锐捕捉到技术趋势，在竞争中败北几乎是必然。

对于婴童产业来说，有三个主要的影响要素：社会经济、科学技术和育儿观念。就当前阶段而言，育儿观念是核心驱动力。比如，正是“有利于学步”的育儿观念，促成了学步车的大卖；之后，“有利于学步”的育儿观念被证伪，学步车又逐渐在市场上销声匿迹。可谓，成也观念，败也观念。

1. 观念是核心驱动力

社会经济、科学技术和育儿观念这三大影响要素，在不同的历史阶段发挥着不同的作用，驱动着行业的更迭和兴衰，决定着企业的命运和成败。

➤ 三大主要驱动要素

我们先来通过具体的婴童产品——安全座椅在中国的普及过程，看看这三大影响要素在其中发挥了怎样的作用。

在西方发达国家，安全座椅的普及率高达 95%；但在中国，直到 2014 年这一数字只是 5%。事实上，一个触目惊心的数据是：在中国，每年有超过 1.85 万 14 岁以下的儿童死伤于交通事故，也就是说每小时就有 2 名儿童遭遇交通死伤。而安全座椅可以很好地改变这一残酷的现状。然而现实情况却是，从 2001 年进入中国市场后，安全座椅直到 2011 年才突破了年销售量 10 万台。直到 2012 年 7 月，《机动车儿童乘员用约束系统》标准颁布，加上公益广告大范围播出后，儿童安全座椅的销量才得以快速提升。

为什么同样是急需的安全座椅，在中西方其普及率会有天壤之别？为什么安全座椅的推广和普及在中国如此缓慢？《机动车儿童乘员用约束系统》颁布和广告宣传起到了怎样的作用？

我们来详细分析一下。一个基本的常识是，安全座椅要安装在家庭汽车上。因此，家庭汽车的普及程度直接决定了安全座椅的市场空间大小。事实上，中国的消费者从 2008 年后才开始大规模购买家庭汽车。据此，我们可以认为，从 2001 年到 2008 年，安全座椅的销量受困于家庭汽车的普及，而家庭汽车的普及本质上则是经济因素；从 2009 年到 2011 年，中国家庭经济条件有所改善，家庭汽车快速普及，技术进步使得安全座椅的安全系数进一步提高，一些先知先觉的消费者开始购买安全座椅。但是由于大部分消费者尚缺乏安全意识，使得安全座椅的销量在这一阶段还不可能取得特别大的突破；而 2012 年之后，随着《机动车儿童乘员用约束系统》的颁布和广告宣传的轰炸，中国消费者从观念上才真正接受了安全座椅，其销量也迎来了快速增长。安全座椅在中国的普及过程，正是经济、技术和观念共同发挥作用的结果。

事实上，经济、技术和观念对婴童产业的影响各有侧重。社会经济的发展为婴童产业的发展提供潜在购买力，它决定了消费者“能否买得起”；科学技术的进步为婴童产业的发展提供潜在产品，它决定了企业“能否生产出来”；育儿观念的变化为婴童产业的发展提供风向标，它反映了消费者“真正想要什么”，在某种程度上反映了需求走向。

接下来我们扩展开来，结合中国社会的整体情况看一下经济、技术和观念对婴童产业的影响。

1978 年改革开放之前，我国经济还非常匮乏，父母对婴童的态度基本上还停留在“养活”的层面。1978 年之后，随着我国经济和科学技术的快速发展，家庭购买力水平和制造业水平快速提高，逐渐出现了婴童用品和玩具行业，并且对产品的品质要求越来越高，但婴童产业尚不成熟。发展到 2011 年，我国人均 DGP 达到 35 083 元人民币，达到 5 000 美元以上。按照国际惯例，婴童产业进入了现代意义上的发展阶段，我们正式进入了婴童经济。之后，经济水平和技术水平的基础已经具备，人们的育儿观念开始成为婴童产业发展的主导因素。

事实上，由于我国经济发展的不平衡，我们一线城市和沿海地区在 2011 年之前就已经达到了人均 GDP5 000 美元的水平；再加上我国大部分家庭是独生子女，家庭结构是“421”型的，传统观念使得家庭舍得为孩子多投入，因此，我们判断婴童经济的大环境可能早在 2011 年就已经具备。

总之，我们的基本判断是：中国最晚于 2011 年就已经具备了婴童经济的基本环境，未来育儿观念将成为婴童产业的主要驱动因素。

➤ 育儿观念居于主导

通过磨牙棒这一款具体的婴童产品，我们可以来感受一下育儿观念的巨大影响。

曾几何时，父母都是拒绝婴幼儿“吃手”的，因为在父母以往的观念里认为“吃手”不卫生。为了防止小宝宝“吃手”，父母甚至刻意把衣袖加长。然而，奥地利心理学家西格蒙德·弗洛伊德（Sigmund Freud）的研究成果发现，婴幼儿都有个“口欲期”，他们用嘴巴探索世界，吮吸、啃咬、咀嚼、舔舐都是婴幼儿形成自我意识的有效方式，父母不要去阻止他们的这种行为。父母们慢慢地接受了这一观念，但是父母们确实担心病从口入，因此，基于科技的进步，婴童产业中出现了磨牙棒这一产品细分市场。至于为什么有人选择英国原装的 Bickiepegs 磨牙棒，而有人选择国产的磨牙棒，则是购物习惯、经济条件等因素在发挥作用了。

因为一种育儿观念的普及，直接催生了磨牙棒这个新的细分市场。事实上，现在婴童经济的消费者，购买婴童产品和玩具时考虑的因素不再单纯是价格，甚至也不仅仅是质量和性能，更多的考虑是：这个产品是否符合他的育儿观念，是否有利于帮助他达到育儿观念的预期目的。因此，消费者是否购买一款产品，产品本身只是基础，更重要的是附加在产品之上的育儿观念是否与其育儿观念相契合。

理解了这一点，就很容易理解：为什么过去很好卖的婴童产品突然就卖不动了？为什么婴童产品质量很好、性能又佳，价格还不贵，消费者就是不买单？我们通过学步车从火爆一时到无人问津这个过程，就很容易找到其中的答案。

学步车，顾名思义，是宝宝会走路之前的学步工具。它曾经很受欢迎，因为它看起来似乎能够帮助宝宝早一点走路。

中国消费者对学步车的青睐来源于三个方面：一是他们觉得把

宝宝“固定”在某个小空间里相对安全；二是他们图省事儿，可以去干自己的事情而暂时不需要看管宝宝；三是学步车自西方而来，这种“舶来品”经常会获得中国父母心理上的认可。

然而，出人意料的是，学步车销售火爆的趋势却画风突变。似乎一夜之间，消费者都“变心”了。1994 年前后，美国儿童研究会呼吁取缔婴儿学步车的生产和销售；2004 年，加拿大成为第一个禁止学步车销售、广告宣传和进口的国家。到底基于何种原因，使得西方国家以如此强大的力度和强悍的手段对学步车下“毒手”？

除了成为头号跌倒危险因素以及跌倒死亡重要原因之外，学步车的“罪名”似乎还有一条更不易察觉的隐性危害——不仅不利于学步，反而会损害宝宝的行走能力。

2011 年，一家英国医疗学术机构为此做了专门试验。他们把 30 对 10 个月大的双胞胎分成两组，一部分用学步车学习行走，一部分通过爬行、站立学习走路。试验结果表明，通过爬行、站立学习走路的婴儿要比用学步车的婴儿早 3 ～ 4 天。

也就是说，学步车对宝宝行走没有任何的帮助，更别提还有减缓智力发育、削弱平衡能力等负面影响以及容易养成歪头、扁平足、踮脚走路等不良习惯的危害。真相大白之后，父母们当然不愿意再为学步车继续埋单。

婴童产品的使用者和购买者是分离的，它的使用者是孩子，购买者是父母，因此必须正确理解父母和孩子的心理，而两者的心理最终统一于育儿观念。如果不能围绕育儿观念创造价值，还像过去一样简单地追求低价格、炫科技，遭遇消费者的冷遇几乎在预料之中。

基于此，我们把婴童产业的性质定义为“观念经济”。育儿观念理应成为婴童产品开发、设计、生产、销售等的思考原点和基本主线，对产业性质漠然和无视，偏离这一原点和主线，只会受到市场的无情惩罚。

2. 育儿观念及其特性

育儿观念始终驱动着婴童产业的变化和发展，甚至直接关乎一款产品或一个企业的生死存亡。那么，什么是育儿观念呢？育儿观念具有哪些特性？这是我们理解和运用育儿观念的基本前提。

➤ 什么是育儿观念

如果我们要问一个人的育儿观念是什么，多数人无法给出明确的答案。但是，我们确实可以切实感受到育儿观念的强大存在，尤其是不同的育儿观念发生冲突时。

> 比如，关于宝宝怎么睡的问题，有的人认为宝宝应该与父母同床睡，夜间方便照料，也有利于与宝宝亲近和交流感情；而有的人则认为宝宝应该独立睡婴儿床，可以避免父母沉睡中压到婴儿，也有助于培养宝宝的独立性。再比如，关于宝宝走路的问题，有的人认为走路早是聪明的表现，提倡早走路，为此还刻意训练宝宝走路；而有的人则认为早走路对宝宝的骨骼发育不好，不提倡早走路，甚至还刻意不让宝宝早走路。

这些都是育儿观念的直观表现。事实上，每个人从成为父母的那一刻起，甚至在成为父母之前，都在思考如何成为一个好的父母、如何培养好自己的孩子。父母会按照自己的想法去挑选那些符合他们育儿观念和价值取向的产品和服务。这种人之常情与天性本能的无穷力量，直接造就了育儿观念及其物质载体（婴童产品）的极大丰富。

由此可见，育儿观念可以简单地理解为就是“人们如何培养孩子的观念”，它涉及两个最核心的问题：你希望孩子成长为什么样的人。你认为孩子应该度过一个怎样的童年。

➤ 育儿观念的多样性与稳定性

由于育儿观念本身带有强烈的主观色彩和个体差异，因此存在各种各样的育儿观念，这就是育儿观念的多样性。同时，各种各样的育儿观念之间也并非毫无联系、杂乱无章，而是靠文化贯穿其中，特定时间之内具有一定的稳定性。

（1）育儿观念的多样性

对于 70 后、80 后来说，记忆里肯定不乏母亲的手工。有句老话说：“新老大，旧老二，补补纳纳是老三。”意思是说，新的衣服给老大穿，新衣服穿旧了给老二，旧衣服穿破了，缝缝补补老三还可以继续穿。当时，社会经济发展水平不高，生活清贫，造成人们没有多少选择空间，育儿观念也简单而原始——尽量保证一个有吃有穿的童年，让孩子长大成人。常常是老一辈用什么，下一辈还用什么。很多 70 后都穿过爸妈小时候穿过的、洗得发白的旧衣服。可见，当时的育儿观念就是“含辛茹苦养育孩子成人”。

当时的育儿观念主要来自代际传承。老一辈会不厌其烦地向子女们传授他们当年的育儿经，也许还会扬扬自得地说上一句“你小时候就是这么带出来的”。这似乎是千百年来一以贯之的中国式育儿的特殊现象。这些育儿观念就像一个祖传的宝贝，具有深信不疑的路径依赖。

然而，80 后成为父母后，他们的经济水平、生活状态、消费心理、媒介接触途径等，均与上一代人有较大差别，导致这些年轻父母更多地可以按照个人的认识和意愿选择如何培养自己的孩子。他们更愿意相信权威人士、模范妈妈、月嫂等专业人士，愿意花时间研究有关幼儿的科学知识。原生家庭对小家庭育儿观念的影响逐渐弱化，同时也带来了新旧观念之间的冲突、碰撞。他们不关心老一辈用什么，只给孩子买最好的。根据 2015 年中国家庭教育消费者图谱显示，40% 的 80 后“与父母传统教育方式有摩擦”。这时的育儿观念已经悄然转变为“陪伴孩子一起快乐成长”。

这种情况下，家庭经济水平的高低、生活环境的不同、新旧育儿观念的冲突、中西育儿观念的差异、父母认知水平的层次等，共同催生了各种各样的育儿观念。这就是当前中国家庭育儿观念的多样性，甚至可以说，一千个家庭完全可能有一千种育儿观念。

（2）育儿观念的稳定性

虽然对于当前的中国家庭来说，育儿观念是多种多样的，但是它们并不是杂乱无章、没有规律可循的。事实上，如果按照一定的维度，对育儿观念进行切割和划分，我们可以发现这些育儿观念的一些共性，并且这些共性在一定时间内具有一定的稳定性。

按照国家不同，育儿观念可以分为中国人的育儿观念、美国人的育儿观念、德国人的育儿观念、日本人的育儿观念、以色列人（犹太人）的育儿观念等。按照不同国家的育儿观念培养出来的各国公民，具有了共同的鲜明特征和群体个性。

按照地域不同，育儿观念可以分为城市人的育儿观念和农村人的育儿观念；而按照一、二、三、四线城市，育儿观念又可以分为一线城市的育儿观念、二线城市的育儿观念、三线城市的育儿观念、四线城市的育儿观念。经济水平相当的家庭，生活在不同地域，在育儿方面的投入以及方向会有很大的不同。

按照教育程度的不同，育儿观念可以分为高学历家庭育儿观念、中学历家庭育儿观念和低学历家庭育儿观念等。我们发现，学历越高的家庭，通常而言，其子女的受教育程度也会越高。

按照收入水平的不同，育儿观念可以分为高收入水平家庭的育儿观念、中收入水平家庭的育儿观念、低收入水平家庭的育儿观念等。比如当前我国庞大的中产阶层群体，就具有其特定的育儿观念。

按照父母职业的不同，育儿观念可以分为不同的类别。我们常说“门里出生，自会三分”。父母的职业会潜移默化地影响孩子的童年，影响到孩子将来要成为一个什么样的人，甚至将来从事什么职业。

当然，我们完全可以按照其他的维度，对育儿观念进行划分，找到某些特定育儿观念的共性和稳定性，并进行重点研究和深入应用。

➤ 文化是观念的根

不论育儿观念有多少种，也不论它按照什么维度进行划分，但是有一条是恒定不变的——育儿观念的根是文化。在文化的长期影响下，对于育儿人们会形成根深蒂固的认知倾向、共同价值观和心照不宣的情感追求，也就是育儿观念。文化孕育了育儿观念，它是育儿观念的基核，不容反驳和挑战。挑战文化就是挑战消费者的基本认知，通常情况下只有死路一条。

尽管新旧育儿观念存在冲突，年轻父母的育儿观念与老一辈的育儿观念已经大不相同，但是再标新立异、再离经叛道、再不认同老一辈的育儿观念，也不太可能与传统的育儿观念彻底决裂。在中国人的育儿观念中，一定会有中华传统文化特别是儒家文化的影子。

显然，一个中国人绝不愿意把孩子培养得像个日本人，一个美国人也不希望把孩子培养得像个德国人。每个国家或民族骨子里的文化信仰和身份认同，会像基因一样潜移默化地内化到育儿观念中，并传递到下一代。

如果我们仔细观察会发现，很多婴童产品都是围绕体现一国文化的育儿观念而设计的，具有鲜明的民族风情和文化特质。

比如，德国人注重从小培养孩子的动手能力，所以一套百变木匠工具盒（如图 1－1 所示）能够成为德国宝宝们的流行玩具。实际上，德国人几乎家家都有个“小工厂”，从简易工具到现代化工具，应有尽有。家具坏了，门锁坏了，都让孩子们自己修理。学校教育也是如此，不论年龄大小，让孩子自己动手整理书包、收拾玩具、制作手工等。

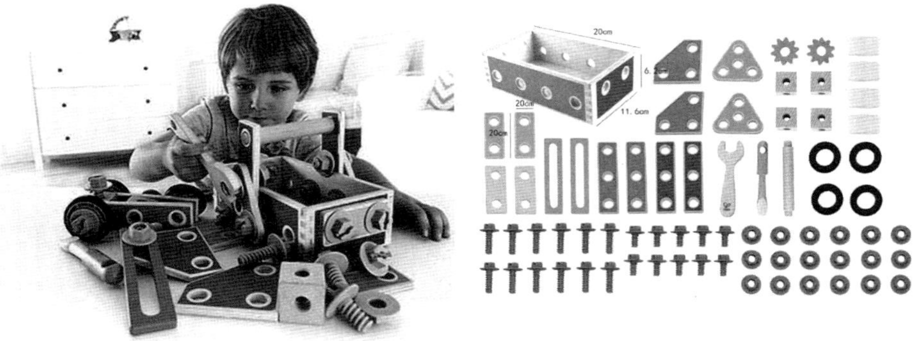

宝宝通过使用螺丝刀、板丁等工具，将螺丝、螺母、夹板等组合拼装，百变出多种造型。

百变木匠工具盒共有 72 个配件，通过拆卸、组合，锻炼动手能力，激发想象力和创造力，同时学习简单的机械原理。

图 1－1　德国的百变木匠工具盒

毫无疑问，文化会对经济产生重要影响，对婴童经济影响更甚，因为婴童产品不仅关乎下一代的成长，更关乎一个国家文化命脉的传承和延续。因此，婴童产品不可避免地被赋予了超越其功能属性的深层含义，父母对婴童产品的选择格外慎重而保守。故此，那些与一国文化冲突的婴童产品，才会遭到格外强烈的抵制。

芭比娃娃是 20 世纪最畅销的玩具之一。但是，这个身材性感的美女娃娃却在中东市场饱受争议，几乎销声匿迹。2003 年 9 月，沙特阿拉伯禁止国内出售芭比娃娃。2012 年 1 月，伊朗道德警察强迫店主将芭比娃娃收起，否则店铺将被强制关闭。

然而，2003 年年底，另一款娃娃进入中东市场，并大受欢迎。这就是叙利亚“新少年设计室”设计的“芙拉”娃娃。芙拉以一种只生长在中东地区、气味芬芳的茉莉花命名。见图 1－2。

图 1－2　芭比娃娃和芙拉

为什么集万千宠爱于一身的芭比娃娃在中东市场会惨遭“滑铁卢”？为什么一个名不见经传的芙拉娃娃会迅速攻占中东市场？其根本原因就是文化的差异。

在中东地区，信奉伊斯兰教、恪守传统的父母认为，“芭比娃娃生活堕落，是腐朽西方文化的象征，毒害我们的青年，危害国家的未来”；而“芙拉”娃娃则是一个身着传统的黑色阿巴雅长袍并戴着头巾，围绕着家庭和家人生活的穆斯林女孩，她“充满爱心、细心体贴、尊重父母、诚实律己、善待朋友、热爱阅读、喜欢时尚却不狂热追崇”。

显然，“芙拉”娃娃对中东地区的服饰审美、性格特质、生活方式、文化传统乃至宗教信仰有着更为精准的体现。

由此看出，婴童产品一旦触碰了文化上的观念碉堡与审美禁忌，失败几乎是必然的。国际上很多成熟的婴童产品进攻不成熟的中国市场，之所以没有完全攻陷，其背后是强大的中华文化对其他文化的阻击。没有中华文化孕育出的中华育儿观念，恐怕中国本土婴童企业早就沦为了代工工厂。因此，婴童产品的文化输出更多的应该是在文化或心理上的模糊地带。

3. 产品承载育儿观念

婴童产品五花八门，千差万别，但它们真正的差别却在背后的育儿观念。无论是一款婴童用品还是玩具，能够完美地承载其背后的育儿观念，并淋漓尽致地体现出来，是其成功的关键。

➤ 产品是观念的载体

过去，人们的育儿观念高度雷同，比如女孩都穿健美裤、白色长筒袜、塑胶凉鞋，男孩都穿海军服、绿军装、回力鞋。这时，企业只需加大特定婴童产品的生产就可以满足整个市场，根本不需要特别分析育儿观念。但是现在，育儿观念日益多元、个性、变化，过去的方式显然已经行不通，企业必须潜力研究和深入分析育儿观念，如果还守着老产品、不肯研究育儿观念、不懂变通，只会被市场无情地淘汰。

理论上，每个个体的育儿观念都代表着一个市场空间。但是，针对单个个体的个性化定制，成本高昂，难以实现规模经济，对于婴童企业来说，很难谈得上什么商业价值。但是，通过按照一定维度对育儿观念进行分类，就可以找到具有一定市场容量和共性的育儿观念，这才是婴童企业可以利用的市场机会。

湖北童霸儿童用品有限公司，原本经营婴儿推车、伞车。这个细分领域竞争极其激烈，而该公司受限于产区供应链，产品档次难以提高，成本又居高不下。但是，该公司研究发现一个极其另类的“育儿观念”——养个宠物当孩子，不但给宠物梳洗打扮，而且穿衣服穿鞋。于是设想：何不试试做个宠物推车呢？宠物推车无须应对苛刻的品质要求，本地的供应链完全可以满足要求，需要的加工设备又与婴儿推车重合，结果宠物推车上市后很受好评。

我们可以这样说，在婴童产业中，一切产品和服务都是育儿观念的载体。没有育儿观念的产品和服务，是缺乏灵魂的。因此，婴童企业设计产品时，两个问题必须优先考虑：目标客户的育儿观念是什么？设计的产品能否满足目标客户的需求？

从这个意义上说，好的婴童产品，一定是好的观念，加以好的表达。

我们可以借助图 1-3 来直观表示育儿观念与具体产品之间的作用机制。具体产品的灵魂和内核一定是某种育儿观念，是针对这种育儿观念中某个需求和痛点的有效的解决方案。消费者在育儿观念的驱使下，为自己认可的解决方案埋单，而具体产品只不过是育儿观念和解决方案的载体和形式。

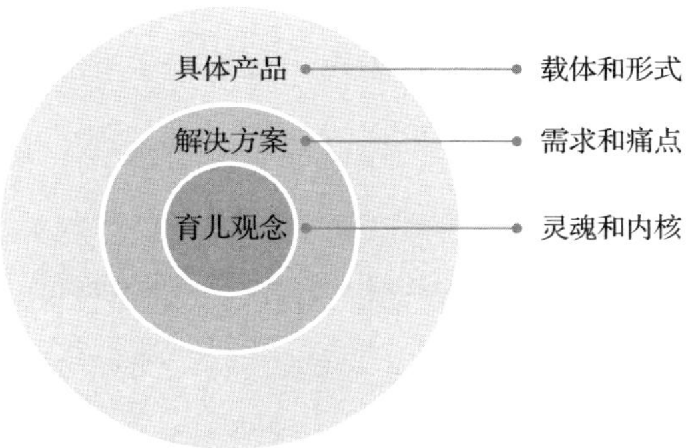

图 1-3　育儿观念与具体产品之间的作用机制

乐高产品成功探秘

提起乐高，中国人对它的印象，除了积木，更重要的是乐高机器人与STEM（科学、技术、工程和数学的英文首字母缩写）教育。

1998年，乐高集团与美国非营利组织FIRST共同创办了FLL（FIRS LEGO League）比赛（见图1－4），旨在提高参赛者对STEM学科的兴趣，面向使用乐高机器人系列参赛的9～16岁的儿童和青少年。

图1－4 FLL比赛进行中

参赛团队在教练的指导下，根据研究、想象，通过团队合作，构思并设计一个与挑战主题（如“废品创新”）相关的乐高模型。

在中国，不少家长斥资数万元，让孩子参加乐高培训班和FLL比赛。

在数码玩具和电脑游戏横扫全球而导致传统玩具销售低迷的局面下，乐高教育系列另辟蹊径，不仅受到乐高爱好者们的强烈欢迎，也成为乐高应对过去危机和未来挑战的重要战略。

或许有人不解：它看起来只是在原来积木套件的基础上结合了马达、电池及传感器，只是在拼搭完成的乐高机器人基础上进行编程和其他操作，为何会如此受欢迎呢？事实上，乐高的产品基因和内在观念是很重要的原因。

> 乐高教育提倡通过动手和动脑解决现实问题，让孩子在建构中学习和发展思维，并将这些理念融入乐高教育的产品里。
>
> 值得一提的是，建构主义源自儿童认知发展的理论。它的提出者是认知发展领域极具影响的一位心理学家皮亚杰（J.Piaget）。他的基本观点是：儿童是在与周围环境相互作用的过程中，逐步建构起关于外部世界的知识，从而使自身认知结构得到发展的。
>
> 在学习过程的一般认知规律基础上，依托乐高积木、相关课程以及针对学前、小学、中学和课外教育的实体及数字化资源，乐高教育构建出一套寓学于玩的独特体系和“4C”顾问式教学解决方案。4C 即联系（connect）——建构（construct）——反思（contemplate）——拓展（continue），这是一种以富有启迪性和趣味性的方式，促进学生——教师——教具的互动，有效激活了传统的教育教学活动。

乐高的高明之处在于，它没有迎合任何一个个体的育儿观念，而是将科学化、理论化、体系化的心理学理论与自己的产品结合，使每一个基础颗粒都成为学习情境与知识建构的有机组成部分。

乐高产品不仅做工精良，细节与表达很到位，而且产品层次也足够丰富、有料，这使得倾注到产品中的产品理念和育儿观念能被消费者很好地感知到。

> 比如，六块颜色相同的乐高 2×4 基础颗粒，可以有 915 103 765

种拼砌方式。这些可能性既是乐高的魅力和价值所在，又凸显了乐高的育儿观念，即让孩子在无限的拼砌世界里、在动手建造的过程中，激发想象力和创造力。

想象力和创造力是父母对孩子的期望，拼砌动手是游戏方法，乐高颗粒是玩耍工具。积木块只是一个载体和道具，人们真正痴迷的是它背后的东西。

第 2 节　购买动因

人们购买一个产品或服务，绝不会无缘无故，一定有其内在原因。一般而言，购买的原因有两种：一是解决某个实际问题，即“去一个痛”；二是实现某个美好愿望，即“圆一个梦”。人们购买婴童产品，通常也是出于这两个原因。

我们知道，婴童产品可以分为婴童用品和玩具。基于“陪伴孩子一起快乐成长”的主流育儿观念，以及解决育儿过程中一些比较麻烦的问题，从而解放大人的时间，因此婴童用品一定要好用；而购买玩具主要是为了满足释放孩子天性、开发孩子潜力的美好愿望，因此玩具一定要好玩。

1. 解放大人的时间

对于一个家庭来说，养儿育女是一件快乐的事情，同时也是一件很辛苦、很麻烦的事情。大部分的年轻父母，无论是全职在家还是兼顾工作与家庭，他们最大的痛点并不是钱，而是在养儿育女的同时还能保持自己的生活空间和生活品质。这也就不难理解那些光彩照人的时尚辣妈和边带孩子边耍酷的超级奶爸，往往能够吸引年轻父母的目光，因为这是年轻父母向往的生活状态。从这个意义上说，婴童用品需要解决的核心诉求是：解放父母的时间。

➤ 好用才是王道

核心功能差不多，同样能够基本满足需求的婴童用品，为什么有的被反复购买，有的却几乎无人问津？突出个性，追求酷、特、新、奇的婴童产品，为什么也不能保证一定畅销？什么样的婴童产品才是消费者发自内心喜欢的？

婴童用品总是对应于育儿的特定需求。对于育儿来说，吃喝、拉撒、睡、外出等是最基本的需求，而满足这些需求所对应的婴童用品就是奶粉奶瓶、尿不湿、婴儿床、婴儿背带、婴儿车等。这些年轻父母眼中的“育儿神器”，之所以大受青睐，因为它们既解决了育儿过程中实实在在的问题，又极大地节约了使用者的时间，从而奠定了不可撼动的“江湖”地位。

我们发现，婴童用品能否帮助父母节省时间是能否热销的关键，而节省时间的关键则是好用。父母使用最频繁、反复购买的，一定是好用的婴童用品。什么叫好用呢？就是要为育儿提供便利、减少麻烦，让使用者把时间节省出来，让他们不觉得养育孩子是一件痛苦的事。因此，对于婴童产品来说，好用才是王道（见图 1－5）。

下面，我们从育儿观念、解决方案、具体产品三个方面，来分析一下婴童用品。

图 1－5　婴童用品好用是关键

目前主流的育儿观念是“陪伴孩子一起快乐成长”。由于现代人对生活品质要求越来越高，这就决定了父母不想让和孩子在一起的时间变得忙碌、折腾、筋疲力尽，而是只想享受跟小宝贝一起相互依偎和玩耍的美妙时光。

这就要求婴童用品在满足基本功能需要的前提下，必须要好用，必须要能把父母从忙碌、折腾、筋疲力尽中解脱出来，必须要能解放父母的时间。而一切的婴童用品只不过是达到这一目的的载体和形式而已。

从这个意义上讲，婴童用品的进化路径一定是越来越好用，越来越解放父母的时间。

> 纸尿裤就是一个很好的例子。毫不夸张地说，中国老人对传统尿布有着近乎偏执的热爱，在他们看来，“纸尿裤不透气、又费钱，还是用尿布好。”但是，一位年轻妈妈的抱怨却道出了许多年轻父母的心声。她说：“老人家是不是都很喜欢给宝宝用尿布？我生我家小宝时，我婆婆跟我妈两个人拿了好多尿布来家里，说用这个最好，我用了两天累死了，尿一次就要换，而且还会把宝宝屁股弄得湿答答的。”

据智研咨询发布的《2016—2022 年中国婴儿纸尿裤市场运行态势及投资战略研究报告》显示，从 2013 年到 2015 年，中国婴儿纸尿裤的市场规模从 215 亿元攀升到了 332 亿元，市场渗透率也从 47% 上升到 54% 再到 59%；并进一步预测，到 2018 年，中国婴儿纸尿裤的市场规模将达到 485 亿元，市场渗透率将达到 71%。

纸尿裤省去了换洗尿布的麻烦，极大地解放了父母的时间。随着家庭购买力的增强，纸尿裤技术的成熟，特别是新旧观念的更迭，人们越来越喜欢使用纸尿裤而不是传统尿布就在情理之中了。几乎可以断定，虽然传统尿布尚未完全退出市场，但是纸尿裤对它的取代只是时间早晚的问题。

> 伞车的出现也是如此。在传统观念里，宝宝小的时候是不能出门的，于是妈妈们就只好老老实实憋在家里照顾孩子。可是，现在的观念是从小就要带着孩子周游世界，于是可以装进行李箱的小伞车就出现了。看看，连带孩子旅游都不是那么麻烦的事情了。

相比纸尿裤和伞车，智能奶瓶就显得鸡肋了。

> 奶瓶的智能化之路从 2015 年起迈出了第一步，但是至今“要憋个爆款”的话音还在回荡，创业团队曾经的豪情万丈却遭遇了市场的无情打击。无论是天猫还是京东商城，这些高端的多功能智能奶瓶销量都不太乐观。
>
> 智能奶瓶的爆款之旅为何如此崎岖？因为绝大多数人买奶瓶不是为了喂养科学化，就是图省事儿，解决母乳喂养的固有缺陷，也很少有人要求母乳自动恒温、温度检测、喂养记录及营养评估、数据云端同步，智能奶瓶的这些功能并未聚焦婴童用品的核心价值——解放父母的时间。

我们在开发一款婴童用品时，在满足基本需求的情况下，一定要考虑一下它是否好用，认真衡量一下它在解放父母时间方面的贡献。如果它的核心功能跟别人差不多，但是没有更好用，反而还更贵了，那注定是失败的，即使其他方面再出色也于事无补。归根到底，真正让父母动心的婴童用品是“这个太好用了”，而不是“这个真高级啊”。

高质量的陪伴

解放大人的时间，不是为了把孩子扔到一边不管不顾，而是为了高质量的陪伴。有数据显示，现代父母在育儿上投入的时间比以前更多了，但是他们却还总是感觉“陪伴孩子的时间不够”。归根到底，是育儿观念发生了重大变化。

曾几何时，育儿观念还是“把孩子养大成人”，潜意识里孩子就是随便拉扯大的，忙的时候，用一根绳子拴在桌角也能凑合过一天，父母不用怎么管孩子。但是，现在主流的育儿观念是“陪伴孩子一起快乐成长”，父母不希望缺席孩子的成长过程，希望参与孩子的每一个成长过程。于是，我们常常能够听到有些父母发出这样的感慨“还没有好好陪孩子，孩子就已经长大了”。

在前面我们说过，育儿观念不仅包括“你希望孩子成长为什么样的人”，还包括“你认为孩子应该度过一个怎样的童年”。现代的父母在培养孩子的过程中，还希望参与孩子的童年，希望与孩子建立良好的互动关系，希望把时间花费在陪伴孩子这件美好的事情上，这同样是育儿观念的核心诉求之一。

有些婴童产品在解放大人的时间方面，却走向了另外一个极端。它不是让婴童产品好用，减少父母养育孩子的麻烦，而是让孩子不依赖父母，甚至脱离父母。这显然就违背了“陪伴孩子一起快乐成长”的育儿观念的初衷，实际效果也只能适得其反。

> 一位家长说：“孩子一看动画片就停不下来，一天能看四五个小时，不给看就哭闹不休，非常上瘾。但跟那些不看动画片的孩子相比，性格却怯弱、孤僻、急躁、爱哭，只对动画片有兴趣。”

这种现象普遍存在，而且各种电子类、游戏类产品都有类似的问题。它们以鲜明、新颖、形象的刺激，以及刺激的突然性、多变性，成为吸引孩子们的视觉焦点。我们不可否认在这方面有一些优秀的作品，但更多时候，由于孩子心智发育不成熟、缺乏分辨能力，容易过度信任动画形象而导致行为极端，同时引发其他负面影响。

> 有专家表示，长期单一依赖动画片，可能阻碍而非协助婴儿的语言发展，动画片及其他视频早教内容无法让宝宝主动思考；同时，长时间观看动画片，不仅会造成孩子的孤僻症倾向，更为孩子的身心发育尤其是视神经的发育带来极大损伤。

这类产品表面上看是解放了父母的时间，但是却把养育孩子的复杂过程处理得过于简单粗暴，几部动画片换来一个不哭不闹的童年，却换不来孩子对自然世界的真实感知、活动能力、交流能力，同时也容易使孩子与父母产生疏离与隔阂，带来更大的隐患。相比陪伴时间的多寡，与孩子的心理疏离和情感淡漠才是真正让父母难过和担心的。

从这个意义上来说，婴童产品不应该是父母的替代品，而应该是帮助父母更好地陪伴孩子的工具。

2. 释放孩子的天性

爱玩是孩子的天性，玩具是孩子的天使。不同于婴童用品的核心诉求是解放大人的时间，玩具的核心诉求则是情感问题，即如何释放孩子的天性。

玩具是孩子玩耍的道具，更是孩子与这个世界接触的媒介。玩具的使命在于，让孩子在充满了爱与规则、安全与冒险、自由与规范的氛围中，逐渐懂得规矩，建立规则，尊重他人，遵守秩序。从这个意义上来说，受到孩子喜欢、家长认可的玩具，一定是那些灌注了正向价值情感，富有创造性、探索性、启发性和成长性的玩具。这也就要求玩具必须具有超越其自身的玩法和价值取向。

玩法才是关键

这些年，玩具款式、种类、档次的丰富，销量的不断攀升，市场规模的逐年扩大，都是有目共睹的。不过，国内的玩具企业却越来越呈现出两极分化的趋势。少数优秀企业领跑玩具行业，比如奥飞动漫 2017 年推出的科幻冒险类动画电视系列剧《爆裂飞车 2》，使得爆裂飞车再次刷新了市场热度。此外，多数企业仍处于跟随行列，它们投放到市场中的产品几乎掀不起一丝涟漪。

玩具卖不动其实只有一个原因——根本就不好玩！

> 一位母亲说，给孩子买的玩具都快堆得家里无处下脚了，可是孩子好像没有几件特别喜欢的，总是玩一件扔一件。其实，好的玩具自己就是广告，孩子玩的时间越长，广告效应就越好。玩一次就扔了，广告效应为零。
>
> 年轻父母们也常常有这样的感慨："买玩具的钱花了几千甚至上万，却买不来大人们小时候几根橡皮筋、几块积木、几张糖纸就能带来的快乐。"

这到底是为什么呢？也许我们应该换一个角度来思考这个问题：企业真的了解孩子吗？

> 有孩子的人都知道，"孩子喜欢玩的东西根本不是玩具！"孩子常常对精美的玩具置之不理，却会对不是玩具的小东西爱不释手。比如，一盒棉签，孩子会把几百根棉签哗啦一下倒出来，然后再一根一根装回去；还有家里的遥控器，孩子特别喜欢抓起来往地上摔，直到把后盖、电池都摔出来，然后再重新装回去，反反复复地折腾好多次也不罢休……

这种鲜明的对比，实际上透露给我们这样一个信息：孩子感兴趣的不是玩具，而是玩具的玩法。什么叫玩法？简单理解，就是玩的方式、方法。对于孩子来说，怎么玩才是重点。

> 一个层次丰富的玩具，首先，它的最底层是育儿观念的核心价值理念——培养孩子的动手能力，激发孩子的冒险精神，锻炼孩子的创造力和想象力，释放孩子的天性……其次，每一种核心价值理念，都对应着一种玩法。而玩法决定了孩子如何跟玩具互动，以及在互动过程中能够得到哪些收获，进而决定了这款玩具是否好玩。最后，才是玩具本身，包括材料、颜色、形状、性能等具体特点。

那些粗制滥造的玩具，得不到孩子的喜爱和家长的认同，这不难理解。然而，有些玩具，产品本身不错，只是因为没有为使用者培训合适的玩法，所以才在市场上折戟沉沙（见图 1－6）。最典型的例子就是平衡车。

图 1－6　玩具好玩是关键

> 在中国，我们很少看到父母给孩子买平衡车。实际上，平衡车曾经长期是美国亚马逊排名第一的体育和户外用品，受到美国、西

班牙、俄罗斯、比利时、法国、英国、意大利等许多国家消费者的热烈追捧。中西方市场表现迥异，到底为何？

事实上，在西方国家把平衡车当作玩具，但是在中国，平衡车的主要用途却是——帮助还不会骑自行车的孩子掌握平衡。那么，既然如此，还不如直接买带辅助轮的自行车，既省钱又省事。于是，被误解的平衡车就平白无故地成了“带辅助轮的自行车”的假想敌。而在国外，平衡车真正的头号劲敌是滑板。

中西方观念的差异，并不是造成平衡车市场表现迥异的决定性因素，观念的差异本来可以被引导。平衡车在中国市场销售失利最致命的失误在于，平衡车作为一款“洋玩具”进入中国市场时，没有附带相应的玩法，让国内消费者无所适从，最后只能另做他用了。

可见，正确的玩法才是触及玩具灵魂的钥匙。那些经典的玩具，从来都不仅仅是一个物品，而是玩法和育儿观念高度结合的产物，是游玩的道具和释放天性的工具。

许多人都听说过悠悠球，但是未必知道悠悠球贴吧以及悠悠球全国大赛、欧锦赛、国际公开赛等，不知道悠悠球甚至还有各式各样的玩法培训班（见图 1－7）。

图 1－7　悠悠球欧洲锦标赛赛况

悠悠球说白了就是一个圆圈加一根绳子，为什么它散发出的能量几乎支撑起了一整条产业链？玩家看重的是悠悠球的颜色和图案吗？人们对它的喜爱只是由于《火力少年王》的播出吗？

> 实际上，悠悠球不仅是玩具，更是世界上花式最多最难、最具观赏性的手上技巧运动之一。每个球手的风格和自创花式都不尽相同，因此它的技术花式种类异常繁多，而且每年仍有非常多的新花式被创造出来。这造就了悠悠球数不胜数的玩法。
>
> 高水平的悠悠球手甚至能将无数个令人震惊的技术花式连接起来，一口气展现给观众，动作的难度、观赏性、流畅度都值得称道，令人目不暇接，百看不厌。

总之，衡量一个玩具是否好玩，不在于它本身多么精美和巧妙，而要看它跟玩家之间产生怎样的互动关系。我们开发一款玩具，也必须提供相应的玩法，否则难免重蹈平衡车的覆辙。

➤ 让孩子定义好玩

对于一款玩具而言，如果其玩法能让孩子喜欢和痴迷，与孩子的天性契合，满足孩子在创造和探索过程中认识世界、认识自然、认识自我、认识他人的心理需求和成长需要，一定是一款令人激动和感动的玩具。

那么，我们怎么才能做出这样的玩具？

最重要的是，了解孩子的心理和感受，让孩子定义“好玩”。我们不能以成年人的视角去揣测孩子喜欢什么、需要什么，因为这被证明往往是错误的。

> 时任迪士尼首席执行官的迈克尔·艾斯纳（Michael Eisner）在

听到皮克斯关于《玩具总动员》的计划时，曾嗤之以鼻："谁会想看一部小男孩与玩具娃娃打交道的电影呢？"

但是，这部电影的成功使其创意得到充分肯定。电影甫一推出，其背后孕育的巨大商业价值就引起了片方重视，因此抓住时机推出了各种衍生品。而这些衍生品的销售一旦有些下滑，片方就马上推出电影的下一部，又激发起消费者新一轮购买欲望。见图 1－8。

图 1－8　玩具总动员手办

从某种程度上说，《玩具总动员》已经不单纯是一部电影，而是一个为衍生品制作的广告。

多亏皮克斯的坚持，迪士尼得到了一个皆大欢喜的局面。然而，许多玩具在商业上的失败比比皆是，那些简单的汽车模型、飞机模型、火车模型莫不如此，它们没有玩法、没有代入、没有互动，不是孩子的玩伴，只是多余的摆设而已。

正如资深玩具人士刘晓青所说："真正的（玩具）设计者要更多地转向对小孩内心世界需要的把握和对其社会行为习惯的研究。"

我们唯有保持谦卑和虔诚，认真研究孩子，深耕玩具行业，才可能做出孩子喜欢的好玩的玩具。找熟悉的孩子聊天，观察孩子的行为特征，看孩子是如何对待玩具的……也许你会大吃一惊，孩子感兴趣的东西往往与成人完全相反。

成人喜欢秩序和规则，孩子喜欢混乱和无序。

成人喜欢干净与整洁，孩子喜欢泥浆和沙土。

成人总想让孩子老老实实地坐着，可孩子却偏偏要满地乱爬，哪怕这是人来人往的公共场所。

孩子对成人世界有着强烈的好奇心和模仿欲，但偏偏又不愿意听大人的指令。

…………

缺少玩法这个灵魂，不了解孩子，这样开发出来的玩具，孩子玩一件扔一件，你还会觉得不可理解吗？

第 3 节　市场空间

既然婴童产业存在巨大的市场空间，那么，对于婴童企业来说，如何切入这个市场并分得一杯羹，就成为一个非常值得思考的问题。深入分析婴童产业，我们会发现很多细分领域已经都有做得很好的企业，比如，婴童用品领域的好孩子、玩具领域的奥飞等，那么，对于其他企业来说，在这些领域还有机会吗？到底如何才能找到婴童产业的市场空间？

一切的答案还要从育儿观念入手！在中国文化特有的开放性和包容性之下，人们形成了多样性的育儿观念。婴童产业的本质是观念驱动，统一的观念催生垄断的市场，多样性的观念催生分散的市场。这就意味着——细分育儿观念可以发现市场空隙，借助新的育儿观念可以创造新的市场空间。

1. 发现市场空隙

中国没有统一的育儿观念，而且育儿观念还在不断的变化之中，意味着没有哪一家企业可以垄断婴童市场，哪怕只是其中一个领域也很难。多样性的育儿观念孕育着无限的机会，它为市场新进入者留下了一道门；同时，它也为既得利益者敲响了警钟，新进入的“野蛮人”的威胁时刻都在。

市场机会就藏在无限多元、充满变化的育儿观念中，就藏在极致个性、迅速换代的育儿需求中，就藏在流行市场之外、海量的小众文化中。找到自己要专注的细分市场，努力形成自己的优势，是成功的捷径。

➤ 通过细分发现市场

在许多行业，似乎总有几家大型企业或老牌企业，长期居于领先或统治者地位。虽然它们也在你追我赶，但是总是那么几家固定的公司。即使市场头把交椅的位置时有更替，但行业格局大体是稳定的，冒出一家在行业内具有一定实力的新公司实属不易。

这种现象在互联网行业尤为明显，基本是一家独大，它遵循“721 法则”：一个超级公司占据市场 70% 的份额，老二占据 20% 左右的份额，剩余的 10% 由几家小公司分吃。比如，BAT 中的百度、阿里巴巴、腾讯就分别占据了互联网搜索、电商、社交的绝大多数市场份额。

但是，婴童行业则不然。它总是不断有新的从业者加入，而且往往一出场亮相就亮点满满，甚至让老前辈们汗颜。这个行业似乎没有先来后到的规矩，更多的是初生牛犊不怕虎，甚至一代新人胜旧人。可以说，婴童行业在传统行业中是更新换代最快的，在以更新换代最快著称的行业中又是最传统的。

为什么婴童行业会具有这种奇特的双重属性？为什么总有后来者挤进这个看似满满当当的市场，并且总有机会在蛋糕上切走一角？为什么那些有资源、有渠道、有经验的老牌公司反而会被赶超？

因为老牌的、成功的婴童企业，很容易形成自己的经验判断和思维惯性。而婴童经济是典型的观念经济，充满了各种各样的观念，同时也会不断涌现新的观念。观念直接对应的是需求。这时候，还用原来的经验判断、思维习惯去看待和处理问题，势必难以敏锐地捕捉用户观念的变化，难以发现新的市场空白，难以有效满足消费者的需求。比如，在人们通常的思维里，爸爸会“怀孕”吗?

在人们的传统观念中，生孩子、养孩子是妈妈的事，爸爸无非是在妈妈给孩子网购时清空购物车的那个人。总之，爸爸在生孩子、养孩子这件事上的存在感和参与感都很弱。

然而，对于 80 后的年轻爸爸们来说，他们对育儿的参与意愿十分强烈，不希望仅仅以物质的方式参与。京东大数据显示，2016 年玩具和婴童用品网络消费中，在用户性别方面，父亲参与度明显提高，上海的男女用户比例甚至达到 1 : 1。

虽然年轻爸爸们参与意愿强烈，但是他们大多数人其实并不知道怎么当一个好爸爸。于是“孕爸爸”网应运而生，它抓住了准爸爸、新爸爸这一细分人群，在传统市场之外，开拓了一个新领域，打造出了一个爸爸学习的互联网平台。

新的市场进入者可以在大家没有意识到的领域出奇制胜、开辟疆土，同样在大家熟悉的领域，比如纸尿裤、奶嘴、婴儿手推车等，也可以通过精耕细作，发现新的细分市场，挖掘新的市场机会。

在大家熟悉的领域，尽管市场上看起来已经应有尽有，但是更加符合用户观念的产品依然收割了一茬又一茬市场。

功夫龙纸尿裤，用中药工艺浸泡芯体，对宝宝红屁股起到很好的预防作用。同时，它还把定制版国学连环画植入到纸尿裤包装里面，消费者为了体验不同连环画而疯狂购买纸尿裤，甚至连包装都舍不得扔。

咕噜咕噜硅胶婴儿奶瓶，除材质安全、防胀气功能等基本需求外，还有防尘功能，充分考虑到了父母对环境问题的忧虑。

Babyruler 婴儿手推车，不仅实用而且拉风，集安全舒适、操作简便、豪华大方于一身，新颖的设计同时满足了婴儿乘坐体验和父母使用体验。

所以，千万不要以为婴童市场格局已经定型，竞争已经进入尾声，没有什么新的机会了，事实上恰恰相反，育儿观念的多元化和变化创新正在催生一个又一个更加细分的市场和品类。婴童市场的蛋糕不仅越做越大了，更是越切越细了。见图 1－9。

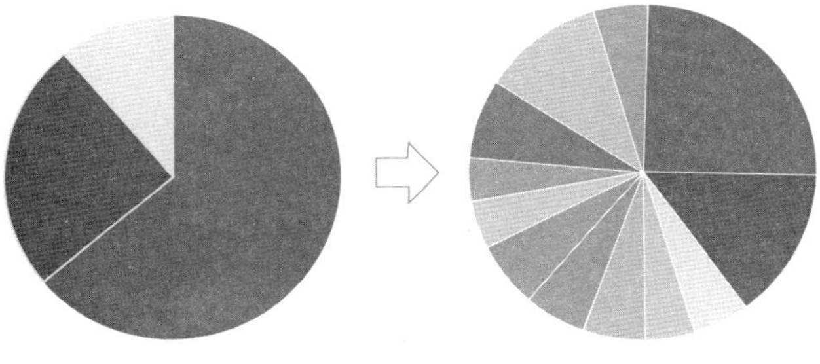

图 1－9　婴童市场的蛋糕越切越细

➤ 消费需求倒逼生产

新的市场进入者之所以能够进入市场并赢得一席之地，固然有婴童行业门槛不高的原因，但更重要的是，它们对育儿观念的变化最敏感，对消费者需求的把握更精准。这是新的市场进入者在婴童市场中杀出一条血路的铁律。

我们永远不要高估婴童产业格局的稳固性，新的竞争者随时都有可能进来，而且是从一个未知的角度切入，带着更新鲜的玩法，甚至可能重构行业的秩序和规则。

事实上，在过去的发展中，婴童企业很少有意识地去关注育儿观念及其变化。很多时候，一款婴童产品卖得好，是碰巧对上了消费者的口味与市场的潮流。

> 比如，20 世纪 90 年代，有位婴童企业的老板看到国外的高景观婴儿车不错，于是模仿了一批卖到国内市场，十分畅销，连他自己都觉得不可思议。这样的“巧合”与“恰好”书写了许多婴童企业的发家历史。但是，随着消费升级，消费者的育儿观念变得先进且多元，这些企业的好运气也似乎到头了。

相反，面对自己的观念不被理解，自己的需求没有产品能够满足，一部分用户开始另寻他法。一些辣妈和奶爸，纷纷撸起袖子，竟然做起了婴童生意。从门外汉到内行人，从看热闹到懂门道，从边缘到核心，曾经的客户成了同行，以前的消费者成了生产者。

> 他们不满没有一个专业、垂直的婴幼儿养育知识分享平台，于是有了“年糕妈妈”；他们不忿中国日化界竟然没有一款令人放心的纸尿裤，于是有了“爸爸的选择”；他们不爽事业型女强人在婚后放弃职场专心带孩子，于是有了写字楼里的儿童托育专家“乐陪”；他们不甘孩子阅读绘本缺乏专业的指导，于是有了“经典绘本”（后

改为“哈爸讲故事”）……

他们懂孩子，有爱心，有想法，无比强大，同时强迫自己变得无比专业。他们带着一丝理想主义，希望凭一己之力为孩子做点什么，而这种情怀和战斗力足以打动许许多多和他们有同样追求、同样想法的 80 后、90 后的年轻父母。

他们堪称婴童行业“门口的野蛮人”。

育儿观念从来都是一种强大的驱动力，其背后是最朴实的四个字——为了孩子。这种情怀，不知会引发竞争格局多大的震动，它改变了原有的商业模式，混淆了生产者和消费者的界限，使一切不可能变得都有可能。

当前的婴童企业，如果不能及时跟上消费者育儿观念的变化，结局就是眼睁睁地看着自己熟悉的领域突然分出许多细分市场，甚至取代它的不是曾经熟悉的竞争对手，而是它没能取悦的消费者。

2. 创造新的市场

中国已经过了育儿观念高度趋同、毫无个性、购买力有限、需求被压抑的时代。只要为了孩子，年轻父母愿意接受新的育儿观念，尝试新的婴童产品。不要质疑市场是否已经饱和，是否还有发挥的余地，变化的、新的育儿观念总能引领企业找到新的市场空间。

婴童企业只要紧紧跟随育儿观念的变化趋势，甚至主动创造和引领育儿观念，并善加应用，敢于创新，就有可能创造一片崭新的市场空间。

➤ 新观念就是新市场

婴童产业是当之无愧的朝阳产业。首先，它符合人类繁衍生息、哺育后代的终极需求，爱和责任使父母愿意为孩子花钱。其次，社会经济发展带来家庭购买能力大幅提升，父母有钱可以为孩子花。再次，科学技术的发展使得更好用、更好玩的婴童产品可以制造出来。最后，父母多元且变化的育儿观念，为婴童经济提供了无限的市场空间。

然而，虽然婴童产业具有美好的发展前景，但是身在其中的婴童企业还是几家欢喜几家愁。育儿观念对每个企业都是公平的，新的育儿观念一次次地为新老企业提供着相对公平的竞争机会。是权贵企业没落，还是新贵企业崛起，一切皆有可能。

育儿观念与其他观念一样，具有两个特殊之处。

（1）新的观念可以创造新的需求和细分市场

> 正如，爸爸也会“怀孕”的观念，直接造就了“孕爸爸”互联网学习平台；语言天赋要从小培养的观念，直接催生了外文版的动画片，比如《小猪佩奇》；《变形金刚》电影和动画片的大热，直接创造了变形金刚玩具这个新的市场。一个新的育儿观念的背后，就是一个新的需求，一个新的细分市场。

与之不同的是餐饮产业。从饮食需求来讲，每个人的胃容量都是有限的，一旦人们生活水平到达一定程度之后，在饮食方面的投入就不会再上升，所以餐饮产业的天花板基本上是由人们的胃容量决定的。而婴童产业却具有无限广阔的市场空间。

（2）观念取之不尽、用之不竭

石油、天然气、煤等不可再生资源，总有枯竭的一天。而育儿观念却是多元化的，层出不穷，不断变化，取之不尽，用之不竭。这决定了婴童市场永远不会饱和，永远存在等待满足的市场空间。

我们突破婴童产业，来看一个二次元的案例。

> 二次元也是一种新的观念。很长一段时间，主流人群甚至搞不懂二次元到底是什么。然而，这种基于动漫 IP 的，超现实的想象力、审美观和趣味性的二次元，在移动互联网和泛娱乐大潮中，悄悄崛起。它彰显了这个时代青年人的一种文化选择，他们对自由人生、虚拟世界的追求，正在引爆二次元经济。一个二次元的市场已经形成。

捕捉消费者当下对于新观念、新文化、新生活的渴求，对深层次的需求进行挖掘、解读、回应与满足，是创造新市场的有效途径。然而，更高级的玩法是，直接创造一个观念，进而创造一个市场。

➤ 主动创造新的观念

在婴童产业中，最有效的进攻策略，不是跟在别人后面亦步亦趋，在红海中进行搏杀，而是主动创造新的观念，开辟新的细分市场，发现自己的蓝海。

> 奥飞娱乐深谙这一规则。对此，其副总裁、董事会秘书王晶表示："相比很多传统玩具公司，我们的最大优势是拥有自己的 IP，能够引领消费、大幅提高玩具的附加值。与单纯的动漫影视企业相比，我们的玩具业务构成了 IP 一个最大的产业化出口，能够最大化地变现手中 IP 的价值。"

如果小朋友们没有看过《喜羊羊与灰太狼》《贝肯熊》《开心宝贝》《超级飞侠》，自然也就不会购买这些动漫的衍生品。从这个意义上说，动画片创造了前所未有的新观念，带来新感受和新体验，从而为其衍生品开拓了一片新的市场空间。

这种“IP +玩具”的模式，从奥飞娱乐发展早期就开始了。区别在于，以前的 IP 是“借来的”，现在的 IP 是自主研发的。见图 1－10。

图 1－10　奥飞娱乐“IP +玩具”的商业模式

早期，为了推广奥迪双钻四驱车，奥飞一方面与国家体育总局等官方机构合办全国性四驱车竞技比赛，另一方面引进日本热播动画《四驱小子》，在主流媒体播出，促进四驱车销售。

现在，奥飞已经在 K12 领域构建了最丰富的 IP 矩阵和内容。2017 年，奥飞玩具业务收入创历史新高，IP 效应热度持续高涨，超级飞侠、巴啦啦小魔仙、巨神战击队等长线产品保持增长，品牌基础进一步夯实，潮流品类的运作模式越趋成熟。

这一成绩的取得，离不开奥飞根植于自己的核心竞争力——持续构建原创精品 IP 矩阵，并运营衍生产业、拓展产业边界。

伟大的管理学家彼得·德鲁克曾经说过，优秀的公司满足需求，伟大的公司创造市场。如果从育儿观念的视角看待婴童经济，那么，生产行为其实是观念的生产，消费行为其实是观念的消费。消费者看似在为产品或服务埋单，其实是在为背后的育儿价值埋单。

我们再来看看宜家（IKEA）是怎么搭上婴童经济的快车的。

宜家对大量的孩子和家长进行全面调查后发现，孩子对陪伴的需要远远超过预期。于是，宜家提出了“和孩子一起生活”，倡导“玩，是一件严肃的事情”“玩是全家人的事，不是孩子一个人的事”等新观念，并基于不同空间给出了居家解决方案，为陪伴创造更多的空间和时间。很多父母由此认识到在家中为孩子提供富有创造力的环境的重要性，而宜家则在家居方面顺势提供整体解决方案。也是通过观念来创造新的市场空间。见图 1－11。

餐厅中的亲切互动

卧室中的收纳竞赛

厨房中的其乐融融

种植过程也是互动的好机会

图 1－11　宜家“和孩子一起生活”媒体会现场

婴童产业发展的根本动力即来源于此。需求方和供给方的观念认知差异，总是一方超前，另一方落后，双方你追我赶，前后错落，充满羁绊，形成张力，就在这种压力差中，产生供需不平衡，产生发展动力，产生新的市场空间。

所以，每一位从业者都不必质疑市场空间是否存在，因为永远都会有新的育儿观念冒出来。

第 4 节　观念先行

婴童经济是典型的观念驱动，那么是不是每一个育儿观念对于婴童企业来说都有推广和利用的价值？如果不是，则什么样的育儿观念才有推广和利用的价值？如何才能使有价值的育儿观念被消费者认同，并与婴童产品融为一体呢？

零散化、碎片化的育儿观念，只会使消费者更加无所适从。只有体系化的育儿观念才容易被消费者接受和认同，才具有推广和利用的价值。而育儿观念推广和利用的过程也一定有其内在的规律性和科学性。

1. 育儿观念的体系化

婴童产业充满了对孩子的爱与希望，正因为这样也充满了苛刻与挑剔。为了孩子，任何小事和细节都容不得半点马虎。作为婴童产品灵魂的育儿观念，尤其如此。因为育儿观念错了，站不住脚，一切就都错了。

➤ 从碎片化到体系化

当代社会信息泛滥，知识被碎片化，代际之间纠葛，现代与传统冲突，各种各样的育儿观念比比皆是，鱼目混珠，不乏似是而非、断章取义甚至招摇撞骗的观念。作为婴童企业千万不能简单地选择吸引人眼球的育儿观念，而不去分辨其合理性和科学性。

> 有很多年轻父母深受这种困惑。其中一个家长这样说道："对于育儿理念的构成，我确实感受到了'系统化'和'认同感'的重要性……如果我们在某一个领域接触到的是一大堆碎片知识，甚至有很多意见相左的观点，对其停留在感性认识的我们经常会觉得十分迷茫。"
>
> 同时，婴童行业中除了大部分良心企业外，也有少数商家不懂装懂、故弄玄虚、抄袭模仿，使得信任下降、良莠难辨、山寨横行。这使得深受困惑的年轻父母变得更加无所适从。

作为婴童企业必须要进行育儿观念的研究，从碎片化的育儿观念中提炼出系统化的育儿观念，并进行科学性论证，建立企业的权威，赢得消费者的信任和认同。

从过去相对单一的育儿观念，到现代多元化的育儿观念，再到未来多元化前提下体系化的育儿观念，是一个必然的发展过程。婴童企业只有主动将育儿观念体系化，善于利用体系化的育儿观念，才能为自己的产品植入一个健康的灵魂。见图 1－12。

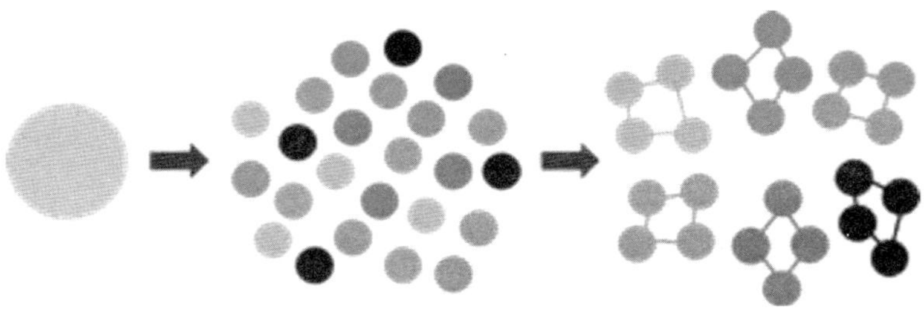

图 1－12　从"单一化"到"多元化"再到"体系化"的育儿观念

➢ 体系化离不开文化

本土文化是育儿观念的根，也是本土企业与外来企业竞争最好的盾牌。试想，如果没有中华文化的庇护，外来企业早已将中国婴童市场瓜分干净。因此，育儿观念体系化的过程中，一定不能脱离了中华文化。否则，就是在与几千年来中国人骨子里的传承做斗争，就是在改变人们的固有认知，结果一定是吃力不讨好。

可见，育儿观念可以变，可以体系化，但是隐含在其中的文化内核一定不能变。这一点，从中国人对待“月子餐”的态度上可以得到直观的体现。

> 当前阶段，中国一部分人受美国育儿观念的影响，出现了“赴美生子”的现象，相应地也出现了一些提供相关服务的机构。我们不去评论这些服务机构本身如何，而只来看看它们的服务内容。无论是低配、标配、高配，还是私人订制、豪华套餐，基本上都包括居住环境、高端旅游、产后恢复和精美膳食四个模块。
>
> 耐人寻味的是，前三项都是纯粹的美式风情，反映了西方的文化和育儿观念，唯独最后一项精美膳食打上了浓浓的中国传统“月子餐”的文化烙印。由于身体体质不同，美国人的“月子餐”跟“非月子餐”基本相同。正是中国家庭对“坐月子”的特殊重视让“月子餐”走出国门，如影随形，幻化为扯不开的乡愁、剪不断的情结。可见，不论育儿观念的形式如何变化，它的文化的根依然清晰可循。

因此，在育儿观念体系化的过程中，婴童企业既要对新鲜的育儿观念有一种开放的心态，主动迎接变化，又要对中华文化有所坚守，懂得回归。缺少了文化的根，育儿观念只能是一叶浮萍，难以持久和成长。

比如，建造一个体验馆，让孩子在玩乐中体验中国博大精深的传统文化，其中的一砖一瓦、玩耍空间、国学玩具，甚至是引导教员，都充满了文化的韵味，也许对于中国父母和孩子来说会是一个玩乐的好去处。

➤ 外来观念的本土化

目前，系统化的育儿理论和观念大多来源于西方。它们在进入一个国家时，也必须进行本土化，以适应当地的文化。只有当地人以自己的文化去消化、理解、领悟，甚至改造后，这些育儿观念才能实现本土化，才能被本地人接受和认同，进而购买和消费承载了观念的婴童产品和服务。

大名鼎鼎的乐高，也不例外。它在进入中国的过程中，也进行了大量本土化的权变与调整。对此，《第一财经周刊》进行过详细的报道。

> 早在 2004 年，中国教育部开始在部分城市启动教育改革，借此机会，乐高教育在中国的经销商把教具送进了校园。这是最直接的育儿观念“入侵”！
>
> 当然，在学校体系之外，自发把乐高零件摆进教室的，还有数以千计的校外培训班。目前国内依靠乐高教具创业的培训机构已经超过 4 000 家。但事实上，绝大多数乐高班都不属于乐高。它们打着乐高的旗号，把乐高教育做得风生水起。

相对于这种教育生态本身，更耐人寻味的是乐高的默许态度。为什么乐高官方对这些非授权机构会睁一只眼闭一只眼呢？因为在某种程度上，正是这些未经正式授权的机构帮助乐高启蒙了中国市场，它们既推广了乐高的育儿观念，又帮助乐高在中国进行了本土化探索。

位于丹麦的乐高教育，其生意模式在美国大体上是行得通的，因为它们属于同一文化圈。但是，乐高进入中国市场，就意味着其产品和课程必须本地化，而不只是个语言翻译的工作。很多时候，它要涉及更改产品或课程设计。比如，乐高的故事启发套装，原版教材里用的很多故事都是西方小孩熟悉的，跟中国小孩的相关性很小。另外，从拿到乐高教具到能够使用其上课，还需要对老师做大量培训。

因此，无论零售还是市场教育，乐高都很难做到把一个标准答案直接丢给合作伙伴。这也给了许多非合作伙伴以“变通”的契机——鉴于乐高教具里只有产品手册，并不附带教授怎么利用乐高做教育，于是那些乐高培训机构便开始研发自己的乐高课程。

在外来观念本土化方面，七幕人生的成功做法也很值得我们借鉴。

七幕人生全称七幕人生文化产业投资（北京）有限公司，成立于 2012 年，专注于海外经典音乐剧版权引进、中文版制作及运营，目前已成功出品包括《Q 大道》《我，堂吉诃德》《一步登天》《音乐之声》等百老汇音乐剧作品。截至 2016 年年底，连续运营驻演及巡演共计近 800 场，吸引约 80 万观众，足迹遍布中国近 50 个城市，取得了票房和口碑上的双丰收。

众所周知，中国家长格外重视教育，孩子小时候就经常辗转各种补习班、兴趣班。那么，在小提琴班、手风琴班、钢琴班等风行的今天，七幕人生（见图 1－13）与它的合作伙伴是如何开拓音乐类教育市场的呢？

图 1－13　七幕人生出品《Q 大道》中文版（天津站）

七幕人生与国际顶尖的少儿音乐剧培训品牌之一 Stagecoach Performing Arts 合作，通过调研和科学的课程研发，结合自身的版权开发能力和剧目运营能力，面向广大的中国家庭推出了既拥有国际一流教学理念、课程结构，又适合中国孩子艺术学习需求的英式少儿音乐剧培训产品，并与七幕人生的演出业务结合，让孩子拥有出演经典音乐剧目的机会。

从一些家长的积极反馈中，我们可以感受到七幕人生的良苦用心。

“汇报演出完了，片段还在脑子里不停地回味。孩子问：这个夏令营之后，还有吗？孩子们的精彩演出，无论从舞蹈、台词、表演、歌唱，都是那么自信。于我、于孩子打开了一扇通往音乐剧艺术的大门，可以一窥究竟，真心谢谢各位老师的专业、投入、激情！”

“我觉得非常好。因为孩子是第一次参加，最重要的是让小孩子自己产生兴趣，她特别喜欢！我看了一些 Stagecoach Performing Arts 老师教他们的游戏和启发性训练，不是说老师做什么小朋友就模仿什么，而是真正启发孩子的理解和领会。这是我希望通过音乐剧培养孩子的方式！”

在温饱都成问题的年代，很少有家长在意开发孩子的音乐细胞。但是现在，很多家庭对孩子的培养已经到了提升孩子音乐素养的高度。顺应这个趋势，引进国外先进理念，同时尊重本土文化，七幕人生做到了两者很好的融合。

2. 先推观念后卖产品

有人说，世上有两件事最困难，一件是把别人的钱塞进自己的口袋里，一件是把自己的思想塞进别人的脑袋里。对于婴童企业来说，要想让消费者从口袋里掏钱购买自己的产品，首先要做的就是把自己产品倡导的育儿观念塞进消费者的脑袋。

➤ 从卖产品到卖观念

> 玩塾乐园（见图 1－14）是中国首家活动主导型的玩学空间，它不仅仅是游乐场，更是亲子生活方式。它定位于一线城市的中高端人群，以一种儿童业态集合体的形式满足孩子与家长的情感和交流需求。每到周末，这里都是三代人扎堆，待一下午都嫌少。为何消费者黏性如此之高？玩塾乐园里到底有什么？

采取游乐场＋线上线下一体零售模式

在儿童乐园中，营造充满童趣的氛围

定期举办亲子活动，提升家人陪伴质量

提供全面的室内游乐项目，有很强的趣味性

图 1－14　玩塾乐园的项目与活动特色

“好玩的”、“好学的”、“好买的”和“大派对”等各项活动，如果只有一项，消费者的复购率也许会很低，因为任何一项活动其实都是低频行为。但是，玩塾乐园将不同项目排列组合（见图 1－15），激发了家庭用户重复体验的欲望。它们看起来毫无关联，其实都被一个宏大的主题统摄——用爱和陪伴包围孩子，让他们在玩中成长。

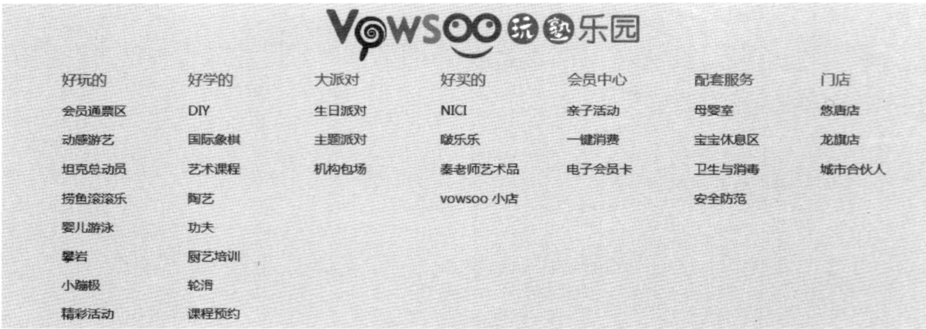

图 1－15　玩塾乐园的项目构成

在中国人的传统观念里，学和玩是对立的。但是，现在大家逐渐懂得，游戏和玩具是开发智力的载体、表达爱的方式。正如“玩塾”其名所暗示的，“玩乐”与“书塾”相结合，在玩中也可以学到东西。这种育儿观念带来新型的育儿方式，再经生活场景展现出别致的生活方式，贯穿于玩塾乐园中，使新的育儿观念得到了淋漓尽致的呈现。

通过推广观念来销售产品，婴童企业必须理解其背后的逻辑和模型。图 1－16 是用观念创造市场的示意模型。

在这个示意模型中，我们比较熟悉后两个环节，这也是我们经常关注的。但实际上，更重要的是前两个环节——观念和发声渠道，它们分别回答了两个问题。

第一个问题，推广的是什么样的育儿观念。育儿观念可以是蒙台梭利、皮亚杰、福禄贝尔等人提出的一套成熟的儿童心理学理论，也可以是基于经验或调研得到的结论。它一定是符合时代发展、符合儿童成长规律的进步的育儿观念，也就是我们前面提到的体系化的育儿观念。这里不再赘述。

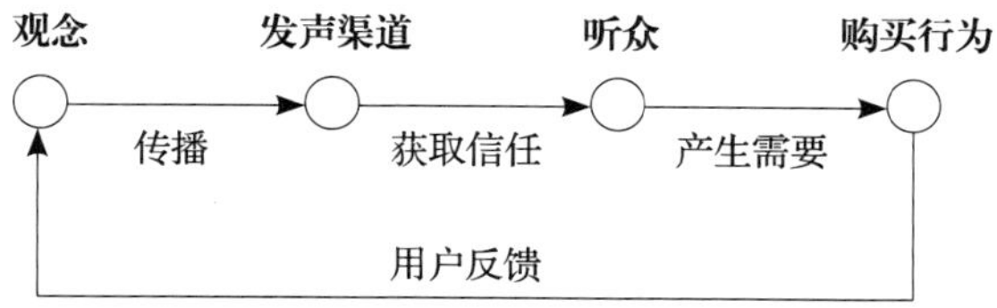

图 1－16　用观念创造市场的示意模型

第二个问题，育儿观念如何传播给父母。父母不会单纯为了一个观念埋单，重要的是如何让观念为父母知晓并认同，以及观念如何融入产品和服务中并让人着迷。发声渠道直观地说，就是利用好线上的社交平台，结合线下的互动活动，先黏住你的用户，沉淀出优质用户群，并借机塑造企业安全、专业的品牌形象，让用户信任你，觉得你推荐的就是最专业、最适合的。

回头再来看玩塾乐园的例子。它的育儿观念是“在玩中学”，它的发声渠道则是玩学空间、玩学体验以及消费者从心底认同而产生的口碑。

➤ 从推销员到导购员

用观念创造市场的示意模型，实际上对婴童企业提出了更高的要求。它要求婴童企业必须完成角色的转化，从关注销售的推销员主动成长为需求引导的导购员。

一位爸爸走进专卖店想买一个儿童床，售货员总是想把最贵的一款产品推销给他，最后没有成功。

这位爸爸走进另外一家店，导购员耐心地问：您家的孩子多大了？是男孩还是女孩？您家的卧室布局是什么样的？这位爸爸一一做了回应，最后买到了适合自己的产品，非常满意地走了。

当消费者变得越来越理性、越来越精明、越来越知道自己想要什么，也越来越难以驾驭时，企业就应完成角色的转化。企业要想完成角色转化，真正为用户创造价值，必须想清楚三件事。

（1）自己与用户的关系

与用户的互动方式，是傻瓜式推送，还是灵活化定制，抑或是教育和引导？对于正在崛起的新用户来说，他们最明显的特点是“有自己的判断”。商家推销什么、消费者就买什么的“霸权主义”已经一去不复返（见图 1－17）。

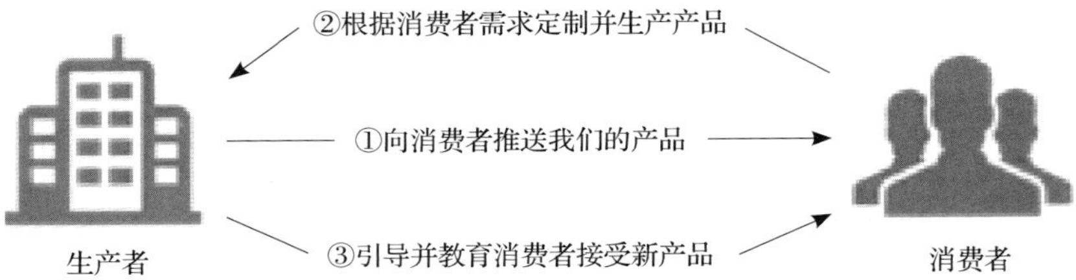

图 1－17 企业与用户关系的三重境界

（2）自己的角色和定位

我们是卖东西的，打广告的，搞推销的，传播专业知识的，还是其他什么？商家的广告说什么不重要，更重要的是让用户像相信权威人士和专家一样相信自己。商家不仅要跟用户做朋友，更要努力成为“粉丝”心目中的 KOL（Key Opinion Leader，关键意见领袖）。

（3）如何引导用户消费

观念驱动的婴童经济，无论是内容带动消费，还是产品附加内容，都是在进一步强化产品服务化、服务产品化的消费趋势。比如，好孩子的产品上有个二维码，扫码后便可以知道产品背后的育儿理念，就是借服务让产品增值，借知识传播进一步增加用户黏性。

婴童企业对儿童的天性理解越深刻，对孩子的成长阶段越尊重，对如何培养孩子越专业，就越能渗透和引导父母的观念变化与消费行为。因此，对于婴童企业，必须具备科学、专业、先进、体系化的育儿观念，以喜闻乐见的形式传递出去，让父母通过认同育儿观念进而购买自己的产品和服务，从而最终撬动企业的商业版图。

核心观点

➢ 中国已经进入婴童经济。婴童经济的本质是育儿观念驱动，一切婴童产品只是育儿观念的载体。

➢ 育儿观念包括两个核心问题：你希望孩子成长为什么样的人？你认为孩子应该度过一个怎样的童年？

➢ 中国的育儿观念越来越多元化，整体上正由“含辛茹苦养育孩子成人”转向“陪伴孩子一起快乐成长”。

➢ 婴童产品解决的痛点是时间和情感。对于婴童用品，旨在解决育儿麻烦，解放大人的时间，因此一定要好用；对于玩具，旨在服务快乐成长，释放孩子的天性，因此一定要好玩。

➢ 中国多元化的育儿观念，是婴童企业最好的机会。通过细分育儿观念，可以发现市场空隙；通过创造新的育儿观念，可以开辟市场蓝海。

➢ 立足中国本土文化，把零散化、碎片化的育儿观念科学化、体系化，先推广育儿观念，占领消费者的心智，再销售产品和服务，是婴童企业的现实选择。

第 2 章　繁荣周期

无论是已在婴童产业搏杀的企业，还是意欲进入婴童产业的企业，都需要清晰地知道婴童产业未来的发展方向如何，婴童产业的机会点在哪里。而后才可能有针对性地决策和行动，顺势而为，事半功倍，赢得一片企业自己生存和发展的空间。

为此，我们从消费升级、人口红利、技术进行和全球市场四个方面，重点调研和分析了婴童产业的重要变化、未来发展方向和机会点。在此过程中，我们强烈地感受到并做出判断：中国婴童经济正在进入一个新的时期。

深度思考

婴童产品消费市场正在发生怎样的变化?

人口变化对婴童产业到底意味着什么?

技术进步对婴童经济具有什么样的影响?

全球市场给中国婴童产业带来了哪些机遇?

第 1 节　消费升级

一个市场是否能够繁荣起来以及繁荣到何种程度，在很大程度上取决于消费群体当下的购买力和他们的产品消费意愿。购买力是指人们获得收入后用于购买产品或服务的能力，从本质上讲，它受人们经济收入水平的直接影响。而产品消费意愿则是指人们是否愿意拿出一部分收入或拿出多少收入来购买产品或服务。

就婴童产业而言，消费者的购买力因社会经济的发展而有了明显的提高。随着消费观念的变化，消费者对婴童产品的消费意愿在不断增强，同时对婴童产品的品质要求也越来越高。

1. 经济释放购买力

经济增长了，人们的收入水平才能提高，才会有更强的购买力。就目前来说，中国经济状况表现出三个鲜明的特点：高速发展、两极分化、消费支出比例反常。高速发展的经济释放了婴童产品消费群体的购买力，使得人们“有钱购买”；而两极分化、消费支出比例反常则给企业提供了更多的细分市场，使得人们可以“按需购买”。

➤ 经济带动消费增长

不同的时代，有不同的经济水平，有不同的消费。在不同时代的人的回忆里，那些儿时的玩具也呈现出鲜明的时代特征。

> 20 世纪 50—60 年代生人：“小时候，我们很少买玩具，都是求大人用木头或者用纸做成手枪，大家一起躲猫猫，打游击战。还有用小玻璃片做万花筒，用竹子做快板儿。”
>
> 20 世纪 70—80 年代生人：“儿时的玩具不少，有铁皮小火车，不倒翁，上发条的铁皮小青蛙，黄底带各色花纹的小皮球，鸡毛毽子……”
>
> 20 世纪 90 年代生人：“在我的成长过程中，伴随在我身边的有芭比娃娃、益智积木、变形金刚、奥特曼、电动小火车、坦克、遥控飞机、遥控汽车、各种型号战车，可以说是应有尽有。”

从不同年代生人的描述中可以看出：随着中国经济的不断发展，消费者对婴童产品的购买力在逐步增强。

事实上，中国消费者在玩具的购买上已经位列世界前茅。据统计，2016 年，玩具销售额前三的国家分别是美国、中国、日本。其中，美国的销售额为 238.96 亿美元，中国的销售额为 104.41 亿美元，日本的销售额为 51.53 亿美元。

而据美国经济分析局的数据显示，2016 年国内生产总值（GDP) 前三的国家也是美国、中国、日本。其中，美国 GDP 为 18.6 万亿美元，中国 GDP 为 11 万亿美元，日本 GDP 为 4.7 万亿美元。

可见，婴童产品的销售额与经济发展水平成正比，经济发展越好，婴童产品的销售情况越好。事实上，中国市场玩具销售额在 2002 年到 2016 年的复合增长率超过了 8%，是世界上增长最快的。可以说，中国婴童市场正在快速成长，轻视中国市场的企业是很不明智的。

➤ 消费需求的阶层化

就目前而言，虽然中国经济呈现稳定增长之势，但是两极分化的问题却日益突出，即：一部分人已经富裕并且越来越富裕，而另一部分人在走向富裕的路上速度相对较慢。

经济学中有一个指标叫作“基尼系数”，它反映的是一个国家或地区的贫富差距情况，该指数介于 0 ～ 1 之间。见表 2－1。

表 2－1　　联合国有关组织规定的贫富差距标准

指数	贫富判断
0.0 ～ 0.2	收入绝对平均
0.2 ～ 0.3	收入比较平均
0.3 ～ 0.4	收入相对合理
0.4 ～ 0.5	收入差距较大
0.5 以上	收入差距悬殊

中国国家统计局公布的基尼系数，2012 年为 0.474，2013 年为 0.473，2014 年为 0.469，2015 年为 0.462，2016 年为 0.465。可见，中国居民的贫富收入差距较大。

这种财富收入的两极分化形成了三个不同的购买群体：低财富阶层、中产阶层、高财富阶层。

《福布斯》杂志曾公布过一个中产阶层的判断标准：年收入在 1 万美元和 6 万美元之间。低于这个标准的购买人群被归为“低财富阶层”，高于这个标准的购买人群被归为“高财富阶层”。

根据 2015 年瑞信 (Credit Suisse) 发布的“2015 全球财富报”(简称“瑞信财富报告”) 指出，以此为标准，日本中产阶级比重高达 59.5%，属于日本的消费主力；而中国的普通工薪阶层高达 78.9%，属于中国的消费主力。美国的中产阶层数量介于中日两者之间。值得说明的一点是，目前中国中产阶层的规模正处在缓慢的增长过程当中。见表2-2。

表2-2　　　　中美日三国的阶层分布

人群类型	中国	美国	日本
高财富阶层	1.0%	12.3%	9.1%
中产阶层	20.1%	37.3%	59.5%
低财富阶层	78.9%	50.0%	31.4%

毫无疑问，三个阶层对于婴童产品都是有需求的，但是他们的购买力不同，所以购买需求也就截然不同。目前，低财富阶层的购买需求并不局限于“价格低廉”，而是高性价比的产品；中产阶层的购买需求是“精益求精”；高财富阶层的需求已经不再局限于产品本身，而是身份的彰显、品味的契合等。

过去，广东星辉车模股份有限公司的主业是制造金属汽车模型，造价较高，售价不菲，这使得其消费群体被锁定在了“中产阶层”和“高财富阶层”。但是，早年中国的中产阶层和高财富阶层人数相对较少，因此其销量一直处于低迷状态。

为了解决销量问题，星辉公司决定实施技术革新。它调整了设计，将金属零配件替换为注塑件，极大地降低了生产成本，销售价格也随之调低，低至可以被低收入人群接受。由此，星辉公司的销量突飞猛进。

当然，对于任何一个阶层，我们都可以继续进行细分。比如，中产阶层中还存在一个特殊的阶层，人们称之为“高负债中产阶层”。这一阶层在一线城市中极为常见。他们往往背负着较大的按揭压力，虽然资产总额较高，但是可以灵活使用的资金并不富余。因此，他们的购买需求也表现为“趋高消费和趋低消费并存”的状态。更进一步说，他们对产品更挑剔、眼光更高，同时对价格也更为敏感。有人这样描述这个消费群体：“他们既穿优衣库基本款，又对顶级波尔多葡萄酒如数家珍。”那么，如何满足这个消费群体的需求呢？这是留给婴童企业的一个新课题。

➤ 警惕消费支出比例

据统计，在中国，婴幼儿的消费支出约 50% 用于食品，15% 用于服装，27% 用于日用品，玩具消费约占 8%；而在美国，玩具消费占了 50%。基于这组数据，有人得出结论：玩具是中国婴童经济的朝阳产业。

我们不否认结论本身，但对其推理过程提出两个疑问。

> 第一，它的隐含假设是：未来的中国会跟美国一样。
>
> 事实上，中国与美国完全不一样。中美两国有各自特殊的文化渊源，生活消费习惯截然不同。比如，目前大多数中国家庭更倾向于满足孩子衣食住行，部分富裕或认知先行的家庭开始关注孩子的未来发展能力；而美国家庭更倾向于“让孩子拥有一个快乐的童年”“玩是孩子童年的事业”。因此，两国的消费结构不可能一样，事实上也确实如此。
>
> 第二，它忽略了中美婴童支出占家庭总支出的比重。
>
> 不可否认，中国家长为孩子购买玩具的数量，确实不如美国家长购买的数量多。但是即便如此，如果分别计算新西兰、美国、德国、日本、加拿大五个国家和中国十个城市的育儿成本占家庭总收入的百分比（如图 2－1 所示），我们仍然会发现：即便是在中国的二线城市，育儿成本也是远远高于这些发达国家的。

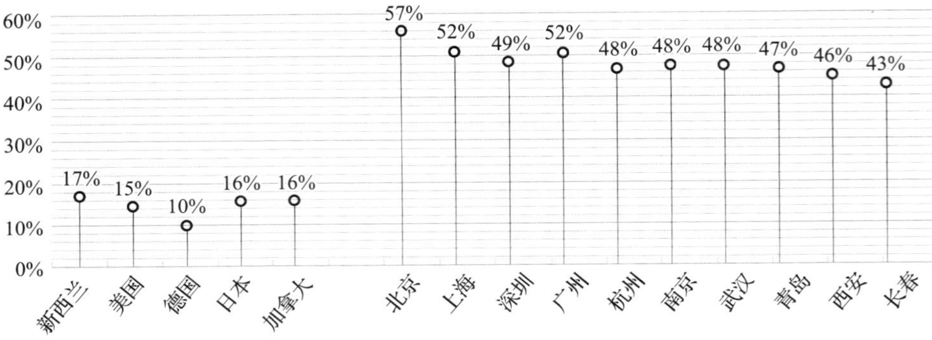

图 2－1　不同国家与中国十个城市的育儿成本与家庭总收入之比①

这两个疑问描述了一个我们必须重视的现实问题：中国人重视孩子，肯为孩子投入，但在育儿观念上有根深蒂固且不同于欧美的传统思想：家长愿意为孩子进行较高的投入，这些投入包括衣食住行、学习培训，但却未必用于购买玩具。

也就是说，虽然中国市场潜力很大，但并不等同于真实的市场空间。我们需要通过某种模式或渠道将这些“潜力”最大化地释放出来，真正启动庞大的中国市场。

2. 消费诉求的变化

经济的发展、科技的进步、人口的变迁、与世界接轨的市场，在这些元素的共同作用下，人们的消费需求与消费观在发生着剧烈的变化。到目前为止，我国消费者对于玩具和婴童用品的消费观分为三个阶段：第一阶段是从 1949 年至 1979 年，我们称之为“封闭消费阶段”；第二阶段是从 1980 年至 2008 年，我们称之为“开放消费阶段”；第三阶段是从 2009 年至今，我们称之为“品质消费阶段”。三个阶段里，人们的需求在不断演进，消费等级在

① 育儿成本＝养育一个孩子的全部开销，外国按 18 年计，中国按 22 年计；家庭月收入＝人均月工资 ×2，外国按 216 个月计，中国按 264 个月计。

日益提升，购买力也表现得更为强大。

➤ 从封闭走向开放

在封闭消费阶段，婴童用品和玩具主要有两种来源：手工制作和工厂生产。手工制作出的婴童用品和玩具充满了民间智慧和生活情趣，大多数是自产自销的。这些婴童用品和玩具在岁时节令、人生礼仪、日常生活中发挥着重要作用。而工厂生产出来的婴童用品和玩具对于大多数消费者来说则往往被归为奢侈品范畴。这是因为中国的婴童用品和玩具生产与世界接轨不足，而最早发展出婴童产业经济的地域是上海。

1934 年，康元玩具厂最先开始批量生产铁皮玩具，如图 2－2 所示。后来，这些铁皮玩具生产范围扩大，至中国婴童产业发展到封闭消费阶段时，铁皮玩具成为国内的代表玩具产品。

图 2－2　铁皮玩具

这些铁皮玩具最早是在德国进行工业化生产，而后才传入我国。从技术角度来讲，该类型产品工艺简单，把马口铁用机床冲压塑形，再经简单焊接，然后印上图案即可，虽然后来加上了发条，但总体来看其难度系数不大。从经济角度来讲，用料简单，人工成本又较为低廉，故而价格也不高。但即便如此，这些铁皮玩具在当时仍然算是奢侈品。这是因为在这段时期里，中国社会动荡不安，经济发展水平较低，普通民众大多将收入用于食住方面，整体购买力水平极为低下。

1949 年之后，中国被迫自力更生，在经济上仍然呈现为孤立、封闭状态。但是，在这个阶段里，中国的生育率却非常高。以 1970 年为例，当年的总和生育率[①]高达 5.8，可以简单理解为每家平均生育 5.8 个孩子。人口规模的增大，使得原本就贫穷的经济雪上加霜，很多家庭的购买力低至连孩子的基本温饱问题都难以解决，更遑论购买玩具了。

伴随着这种无力购买的状态，这一阶段的产品自然而然地表现出单一化特征。以婴童服装为例，绝大部分服装是成人服装的缩小版，且整个国家，服饰款式单调，颜色单一。这种情况一直持续到 1980 年。

1980 年后，中国经济进入开放阶段，中美贸易关系协定生效，随着美国市场大门的打开，整个西方市场的大门亦逐步向中国打开。自此，中国出口企业的春天到来了，婴童产业经济得以快速发展起来。

中国婴童产业经济的实际启动是从深圳特区开始的。当时，深圳政府从香港引入了不少玩具生产企业，这些企业带来了当时世界上最先进的生产工艺，而且其产品是面向全世界范围的。因此，广东的玩具产业从启动之初便具备了先进工艺技术和全球市场的基因，这两点至今未曾改变。

相比较而言，江浙地区的婴童用品和玩具产业经济则是另一番景象。浙江云和最为典型。浙江云和地区位于山区，交通物流并不发达，其可依赖的资源只有木材。围绕这一资源，当地人就地取材，制作木制玩具。然而，大批砍伐木材违反了森林保护法，对当

① 总和生育率，是指该国家或地区的妇女在育龄期间，每个妇女平均的生育子女数。

地植被保护不利。而且，林木成长需要较长的周期，即便是按照“伐一棵种一棵”的模式，也无法满足木玩产业发展所需的原材料需求。为了解决这个问题，当地政府出面，帮助当地企业从外地引进木材。伴随着“一带一路”的政策机遇，不少云和木玩企业甚至开始从“一带一路”沿线国家采购木材，采购价格更为低廉，对当地产业发展而言是一大利好。

与广东玩具企业不同，江浙玩具企业因缺少先天的先进工艺和市场基因，使得企业在艰难发展中更能自食其力——自主设计、自主生产、自主销售。江浙企业因此比其他产区更早地具备了品牌意识、渠道意识、价值链意识，进而更有能力把握自己的未来。

在广东产区、江浙产区的带领下，各产区如雨后春笋般发展起来，中国以极快的速度进入大批量生产时代。它们给中国乃至全世界制造出大量婴童用品和玩具。

（1）国外市场：标准日益严格

欧美市场的产品要求极为严格，对于新生的中国婴童企业而言，其面临的考验是巨大的，甚至关乎生死存亡。

在 2006 年纽伦堡国际玩具展上，浙江黄岩的一家玩具企业信心十足地拿出了自己的展品——完全复制了德国某玩具企业的产品设计，但是售价却仅仅是对方售价的 1/3。德国的合作伙伴见状大惊失色，马上通知这家玩具企业撤展，否则必然因“抄袭侵权”而陷入“公司被告、货被封、人被扣”的囧地。于是，这家企业黯然退出了德国市场。

不过这是故事的上半部分，下半部分是这家有志气的玩具企业苦练内功十年，2016 年带着完全知识产权的产品再赴德国，再次找到了当初的合作伙伴。德国的合作伙伴大为感动，决定继续担任这家企业的代理商。

除了在知识产权方面外，国际市场对安全标准的要求也非常严格。2007 年 7 月，欧盟消费者权益保护事务委员麦格丽娜 · 库涅娃在参观了中国一个国家级玩具检测中心和一家人偶玩具厂后表示，如果中国不采取行动提高产品制造标准，她准备下达“阻止中国商品进入欧洲市场”的禁令。所以，中国婴童产品企业必须快速接轨国际标准。

2007 年 8 月 2 日，美国消费品安全委员会发出公告，因为涂料的含铅量超标，召回由佛山市利达塑胶厂生产的 96.7 万件塑胶玩具，这些玩具属于玩具巨头美泰公司。国家质量监督检验检疫总局根据有关规定，于 8 月 9 日对利达做出暂停产品出口的处罚，并要求其进行整改。

在查出不合格产品后，利达的副董事长张树鸿积极处理相关事宜，尽力配合美泰公司对利达进行的各方面整改，但是他最终因无力承受接踵而来的打击，于 8 月 11 日下午选择自杀。

可以说，面向国际市场的开放，给中国婴童产业发展带来了极大的商机，但同时也要求中国婴童产业快速发展，否则其必然面临召回、追责、破产等难题。

（2）国内市场：市场空间空前

1980 年中国计划生育政策启动后，独生子女时代到来，大多数中国家庭开始将有限的财力集中用于一个孩子身上，其在婴童产品方面的购买力陡然暴增。

而且，因中国市场在长期封闭之后“解禁”，人们几乎对所有新产品都能以开放的思想接受，并乐于踊跃体验，像喇叭裤、蛤蟆镜、摩托车、爆炸头、录音机、电视机等都是那个时代的典型热销品。自然地，这种“开放”也体现到了婴童产品方面。

呼啦圈又称健身圈，于 20 世纪 50 年代在欧、美、日等国短期流行，当时主要被当作运动用品。30 年后，中国扬州宝乐实业有限公司开始在国内批量生产呼啦圈。该公司认为国人此前并未玩过这种产品，而且这种产品对品质要求不高，生产难度不大，非常符合内销市场需求。1994 年春节晚会上，上海小女孩欧阳贝妮创造了“同时旋转 98 个呼啦圈”的吉尼斯世界纪录，呼啦圈的国内市场由此被极速引爆。

事实上，这一阶段的中国消费者像接受呼啦圈一样接受了很多新产品，甚至对新产品的质量都是可以包容的。当时的市场产品被分为：一等品、二等品、三等品，而以目前的产品质量标准来评估，所谓的“二等品、三等品”即为不合格品，但是售价相对略低。当时消费者的总体经济水平不高，故而选择产品时，“低价”是其选择的重要标准之一，而对质量水平的关注度则相对较低。

这种关注低价、忽视质量的市场狂热一直持续到 1987 年。那一年中央电视台的 315 晚会开始播报出一些令人触目惊心的产品问题，旨在提醒消费者擦亮双眼、关注产品质量，远离不良产品可能携带的危险，同时警示企业关注产品质量和推动质量升级。但是，那时大多数消费者和企业对此并未予以足够的重视。

时至2003年5月，安徽阜阳地区相继出现“婴幼儿因饮用劣质奶粉而腹泻，重度营养不良”的情况。据统计，2003年5月以来，因食用劣质奶粉出现营养不良综合征的共171例，死亡13例，史称“大头娃娃事件”。制造这一事件的企业既有假冒伪劣的窝点，也有正规经营的机构，政府通报了54家生产劣质奶粉的企业。此时，三鹿奶粉被当地政府通报为不合格产品。

2008年9月，多位食用三鹿婴儿奶粉的婴儿出现肾结石症状，“三聚氰胺事件”终于爆发。据卫生部通报，截至2008年12月底，全国累计报告因食用三鹿牌奶粉和其他个别问题奶粉导致泌尿系统出现异常的患儿共29.6万人。

事件爆发后，三鹿品牌名誉扫地，企业宣告破产。此后，国人对婴童产品质量和品质的重视提到了空前的高度。从婴幼儿奶粉开始，消费者对产品的质疑向玩具、童装、童车、安全座椅等方面逐步延伸。

➤ 消费品质的升级

为了给自己的孩子寻找更为安全、合适的婴童产品，中国消费者竭尽所能地放大了消费领域，突破了国别的限制。

2009年，中国公民出国旅游大爆发。这一年，出国旅游的国人开始疯狂购买外国品牌奶粉。至2012年，美国、澳大利亚的大型超市开始限购奶粉。当然，国人的疯狂购买并不仅限于奶粉，锅灶、服装、小学生书包都在抢购范围之内。2015年国庆期间，有网友在微博上发了一组中国游客在日本东京各大商场抢购的图片，“新宿已拿下！秋叶原已拿下！涩谷已拿下！池袋已拿下……11区基本已被我方人员控制！”此新闻被不少内地网站以“中国旅游购物者全面‘攻陷’日本”为标题争相转载。

为了确保能够使用到更高质量、更安全的产品，中国人不远万里从国外疯狂采购。中国的品质消费阶段就这样飞速到来了。为了满足国人消费需求的变化，国内外企业一一采取了应对措施。

（1）国际企业预先布局

部分国际企业判断中国消费市场即将升级，于是开始在中国市场展开布局。

以乐高为例，其于 2006 年在中国开设第一家乐高活动中心，借以销售乐高产品。乐高活动中心传递着“做中学”的育婴理念，并以这一理念强势占领消费者心智。由于抓住了这一核心育婴观念，乐高得以飞速发展，其收入规模在玩具行业中位列世界第一。

而孩之宝则主要借助 IP 来驱动。2007 年，孩之宝旗下变形金刚电影在国内上映，看着变形金刚动画片长大的一代人再次被激发起儿时的狂热，打着给儿子、女儿购买玩具的旗号，购买自己也非常喜欢的汽车机器人——擎天柱、大黄蜂和威震天。汽车机器人市场正如孩之宝预期的那样，在成年人的力推下异常火爆，这与其预先布局不无关系。

（2）国内优秀企业自主发力

面对国人对优质产品的推崇，国内企业不得不调整运作模式，谋求升级之道。

2009 年，奥飞娱乐将上市资金集中用于发展优秀的国产动画片。如今的奥飞实力强大，旗下 IP 包括：《超级飞侠》、《喜羊羊与灰太狼》、《巴啦啦小魔仙》以及《铠甲勇士》。其中，《超级飞侠》甚至从国内发展至国外，业已进入 80 多个国家的市场，相关游戏周边产品销售火爆至极。

除了研发自主 IP 产品之外，更多优秀企业在质量提升方面做了更多努力。以星辉车模为例，早在 2004 年，董事长陈雁升便亲自登门拜访宝马公司，用真诚以及对中国车模市场的敏锐洞察力，说服了授权部负责人，成为国内第一家获得世界 500 强汽车厂商授权，制作仿真车模型的玩具企业。因而，当国内进入品质消费阶段之后，星辉车模已经开始通过引进各种先进的自动化机械设备，比如 3D 打印机、自动喷涂机械手等，提高了车模制造工艺门槛。星辉生产出的车模产品质感极佳，深得消费者满意。

在追求品质的阶段，绝大多数消费者已经不再局限于产品价格问题，他们拥有不同于过往的购买力，只求获得高品质产品或创新型产品。而对于绝大多数企业来说，则需要考虑“如何满足消费者日益升级的需求”，只要能够做到这一点，就不难赢得消费者的认可，获得企业收益。

第 2 节　人口红利

一个产业的发展和繁荣，与其市场需求息息相关，而市场需求的主要影响因素之一就是消费者的数量。因此，我们判断一个产业的发展趋势如何，只要分析其当下和未来消费者数量的变化，就可以看出端倪。比如，消费者的增长数量、密集度、流动情况等因素，都会直接影响整体经济与局部经济的发展。

对于婴童产业，消费者的数量其实就是新生儿的数量。并且，随着总体人口的变化和迁移，新生儿的数量在地域上也呈现出明显的差异。因此，人口因素对整个婴童产业，特别是各个地区的影响，还需要具体问题具体分析。

1. 人口增长的红利

虽然人口增长并不一定能够直接促进经济增长，但是它却是经济增长强大的推动力。具体到婴童产业，直接点说就是，新生婴儿数量越多，婴童产业的市场潜力就越大。

➢ 成长全过程消费

从人口生命周期的角度来看，婴童产业具有极为鲜明的优势。一个有孩子的家庭，其消费也往往表现出一定的规律性。从每个孩子的成长过程来看，他的消费一般从纸尿裤和手推车开始，依次过渡到奶粉、儿童食品，一波接着一波；而童装、玩具等产品和教育、医疗、儿童保险、儿童摄影等服务，则贯穿于孩子成长的全过程。一位母婴行业的资深观察者、企业家说："母婴行业的本质是一种生命管理科学。"

如图 2－3 所示，孩子出生后，最先消费的是纸尿裤和婴儿奶粉。如果这两个产品销售火爆，那么未来儿童食品市场销售必然会启动；反之，如果某地市场连婴儿奶粉销量都在萎缩，那么儿童食品市场销售就需要提高警惕了。

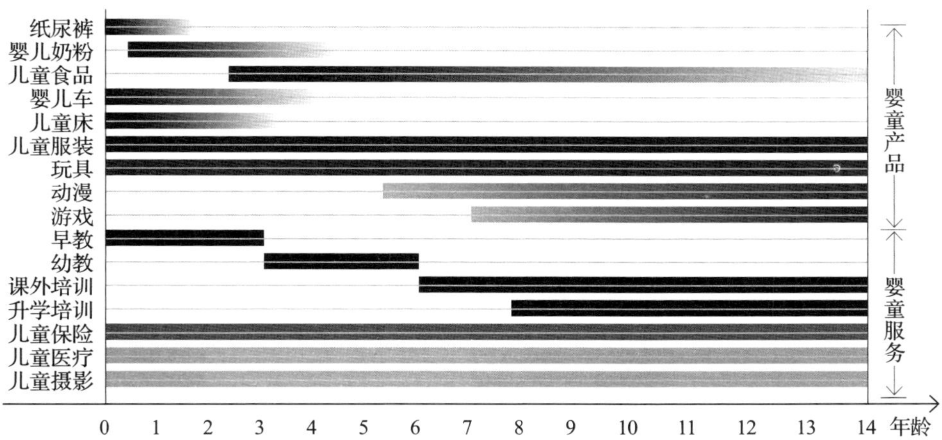

图 2－3　中国各年龄段儿童对应消费品类

当然，我们完全可以借助移动互联网和大数据技术的帮助，对未来婴童市场的消费潜力做出更为精准的预测。

➤ 周期性人口波峰

从生命周期的角度来讲，大部分人总是在大致类似的年龄做着大致类似的事情：青春期恋爱，20 ～ 30 岁成家生子。从 1949 年中华人民共和国成立后，中国已经经历了三波婴儿潮。

第一波婴儿潮出现在中华人民共和国成立后不久。当时，人口增长率将近 300%。这一波婴儿潮一直持续到 1957 年，新出生人口达到了 2 138 万的高点。1960、1961 两年由于历史原因，新生儿数量出现大幅下滑。

第二波婴儿潮出现在 1962—1973 年，这是中国历史上出生人口最多、对后来经济影响最大的主力婴儿潮。这时期，国民经济情况逐渐好转，补偿性生育来势凶猛，10 年间全国新生人口近 2.6 亿，最顶峰的 1963 年新生儿数量高达 2 934 万人。

第三波婴儿潮出现在 1986—1990 年，这时第二波“婴儿潮”新增人口已经成家立业，进入生育年龄，又产生了第三波婴儿潮，称作回声婴儿潮。其中，1990 年以 2 621 万新生儿数量位居这一阶段新出生人口的最高点。由于计划生育政策，此次婴儿潮出生人口总量 1.24 亿人口，明显不及第二波的主力婴儿潮。

1980 年虽然开始实行只生一个的计划生育政策，但是由于人口基数大，导致出现了 1987 年的小高峰 2 508 万新生儿，之后新生儿出生数量一路向下，而后趋于稳定——在十几年里，中国新生人口数量一直徘徊在 1 500 万～ 1 600 万。从新生人口数量来看，第四波婴儿潮并未按照 20 ～ 30 年的平均周期出现。见图 2－4。

2011 年，我国进入政策调整阶段，实行“双独二胎”政策；2016 年年初，正式实施“全面二孩”政策。2016 年，中国新生人口数量增至 1 846 万，可见二孩政策放开后给人口增量带来了一定的影响。

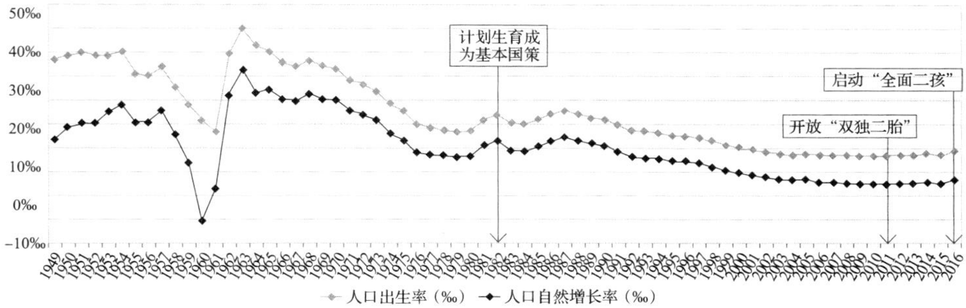

（数据来源：国家统计局。）

图 2－4　1949—2016 年人口出生率和人口自然增长率的历年变化情况

就目前来看，第四波婴儿潮是否会到来，尚不可准确预测。但在未来几年里，中国新生人口每年可能会比上一年形成 200 万人的增量，呈现出小波峰。每一次婴儿潮的出现都意味着市场消费体量的增加，而中国人口基数相对较大，所以未来的婴童产业仍然会有不小的红利。

2. 人口迁移的红利

除了人口数量之外，人口分布也是我们需要重点关注的维度。过去，人口分布相对固态，通常根据土地性质和长期居住地分为城镇人口与农村人口。如今，人口因流动性而表现出更为丰富的分布状态——城镇人口、农村人口、从农村到城市的人口、从城市到农村的人口。前两者将继续作为传统市场分布而存在，后两者则是因人口迁移而形成的新的人口分布类型，将成为未来婴童产业的重要机会点。

➤ 市场随人口而动

目前，中国人口流动是双向的，既有农村人口大规模进城，也有城市核心精英外迁。在两股人员流动势力的挟持下，使得城市等级与资源集中正在被打破。从当前的宏观政策、城市吸引力、人口流动趋势等角度入手，我们相信，未来将有两类人群新纳入婴童经济的目标对象——进城人口、回流人口。

（1）进城人口

伴随着城镇化进程的推进，进城人口越来越多。这些人口的居住空间被置换到了一个崭新的城市空间，但是思维模式和行为习惯仍然停留在农村。

生活写照。张大娘刚刚搬到楼房，儿子一家就住在楼下，下午张大娘得从学校把孙子接回来。“做饭不用烧柴了，比原先方便。就是屋里感觉憋得慌，以前经常下地，现在总在屋里待着，看看电视。娃娃出去跑俺不放心，要跟在后面看着。”

事实上，对于世世代代生活在农村的人来说，他们没有特别强烈的改变动力，城镇化对他们而言更像是一个“剥夺”的过程。他们得到了住起来不太习惯的高楼，同时失去了大片的田地和庄稼。当农村的孩子住进楼房之后，他们野生野长的淳朴品质和强健体魄无处安置；生活环境发生了变化，传统的育儿方式开始变得行不通；户内空间狭窄，孩子们难以再轻易获得更宽阔的玩耍空间；育儿方式的改变，孩子们的童年不再被允许“在室外放纵玩耍”。

这种因环境变化而带来的育儿模式与育儿观念的转变，将给婴童经济带来极大的考验，而答案绝不仅仅是“模式复制”这么简单。

（2）回流人口

近几年，越来越多曾在城市打拼的精英人口开始了“逃离北上广”的行动实践，回流至户籍城市或周边潜力城市。

然而，一个人的地理位置可以变化，但是长期形成的生活方式和消费品味很难突然改变。比如，他们往往希望自己的回流城市仍然有过去常去的亲子餐厅、儿童博物馆、熟悉的芭蕾舞蹈班、职场体验营等。也就是说，这部分回流人口往往仍然保持着原先的消费观念和消费偏好，这将促进二、三、四、五线城市消费向一线城市靠拢。

我们无须怀疑二、三、四、五线城市的巨大消费能量和潜力。关于汽车销量、城市网络消费人数、电商购物比例、电影票房、美妆消费等数据，已经从各个角度说明了这一点，如图 2－5 所示。

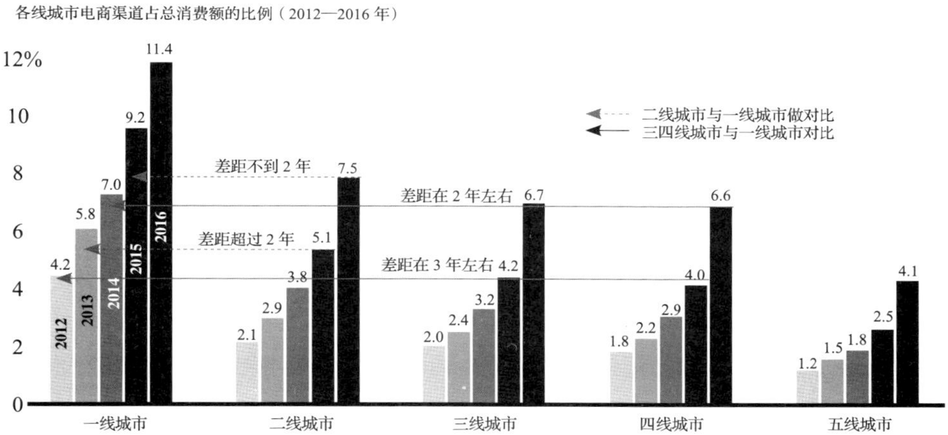

注：电商和总体消费的 5 年数据经过更新，因为凯度消费指数调整了数据搜集方法，更好地了解了消费者在网上购物节时的囤货行为。
资料来源：凯度消费者指数研究；贝恩分析。

图 2－5　一线至五线城市 5 年内电商渠道占总消费额的比例

我们唯一需要考虑的是，如何在这种趋势下满足这些回流人口的现实需求——延续大城市的生活方式，且创新其购买体验。这也将成为婴童产业未来的发展方向之一。

城镇化与新市场

人口流动除了基于人口个体的生活与发展意愿之外，还有一个重要的影响因素，就是中国城镇化建设政策的驱动。

理论上讲，婴童经济依循着一条重要的发展脉络，就是：不同品类的产品沿着城市级别递减——依照“从大城市到小城市，再到乡村地区”的顺序，不断渗透、不断变化。中国城镇化建设从行政区划建设的角度，使得各地的人口集中度日益增加——按照“乡村到小城市，小城市到大城市”的模式进化。

目前，伴随着人口密集城市或城镇的新兴，城市本身的层级、资源配置和开放程度正在发生着改变，人们的消费需求（生活品质、生活节奏）自然会逐步升级，其消费额度也会逐步提升，并形成属于自己的市场特色。所以，如何发掘各地市场的特色，让潜在市场最终形成真实消费，这决定了婴童经济的发展趋势。

> 最初，城镇化建设的思路是“以产带人，以人造城”，城市是为产业发展服务的。比如，当年的深圳，2003 年政府公布的户籍人口是 150.93 万，但推测总人口高达 1 200 万。虽然其 GDP 很高，但却并非好市场。因为，这多出来的上千万人口并不属于消费型人口——这部分人口多为工人，他们在深圳打工赚钱，而后带着钱回老家抚育子女。在婴童产业领域，2003 年的深圳不能算是一线城市。
>
> 如今，中国城镇化建设形成了新思路——“以城引人，以人促产”，城市是为人提供服务的。于是，深圳进行了建设转型，吸引高消费人群聚集。2017 年，深圳人均可支配收入高达 52 938 元，在全国名列前茅。如今的深圳必然被作为重要的婴童市场。

如果根据城镇化发展的诺瑟姆曲线，中国当前还正处于城镇化进程的快速发展阶段，如图 2－6 所示。

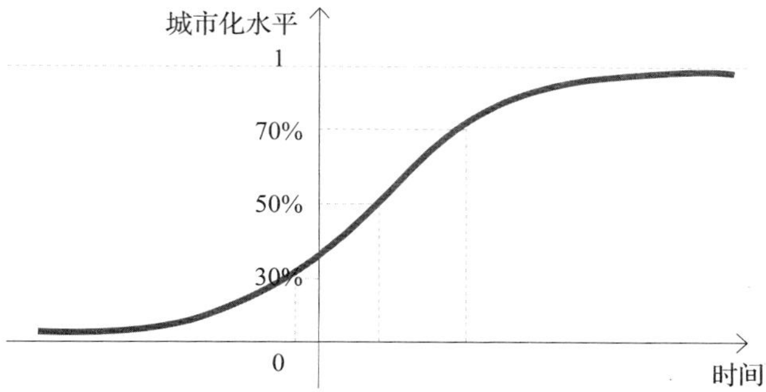

图 2－6　城镇化发展的诺瑟姆曲线[①]

我们预测，在未来十年里，中国城镇化水平将达到 67% 左右，新兴的城镇建设和新增的城镇人口必然会进一步促进婴童产业的繁荣。也就是说，按照预期，像深圳这样的消费型城市将会越来越多。所以，我们有必要进一步梳理未来的婴童产业消费型城市区域，明确未来人口流动方向，提前布局，切实抓住人口红利带给婴童企业的市场和机会。

第 3 节　技术进步

技术在持续进步，婴童产品亦随之逐步升级换代。虽然我们很难精准地预测婴童产业未来的发展走向，但是通过对以往技术变革与婴童产业关系的梳理，或可厘清技术对婴童产业发展的作用与大致的发展规律。进而结合下一波技术应用的趋势，尝试摸索婴童产业的未来发展方向以及即将面临的重要机遇和挑战。

1. 技术的推动力量

从本质上来说，婴童用品和玩具并不属于科技前沿产品，但是科学技

① 城镇化发展阶段判断标准为：城镇人口比重在 30% 以下为城镇化发展的起步阶段；30% ～ 70% 为城镇化快速发展阶段；70% 以上为城镇化后期阶段。

术也常常被应用于部分婴童产品中，甚至在一次次技术革命中诞生了无数好用、流行的产品。我们以玩具为例，按照时间顺序，梳理了近 100 年来主要的技术革命与流行于各时代的玩具。

如图 2－7 所示，在电子技术迅速发展之前，孩子们的玩具是玩偶、素描板和魔方；20 世纪 80 年代，任天堂 Game Boy 的流行开启了电子产品的新纪元；2000 年之后，索尼的 PSP 进一步开创了电子娱乐新纪元；2016 年，人工智能和高科技开始涉足玩具领域，那些富有科技含量的玩具往往支持双向互动，在婴童领域掀起了新一轮热潮。

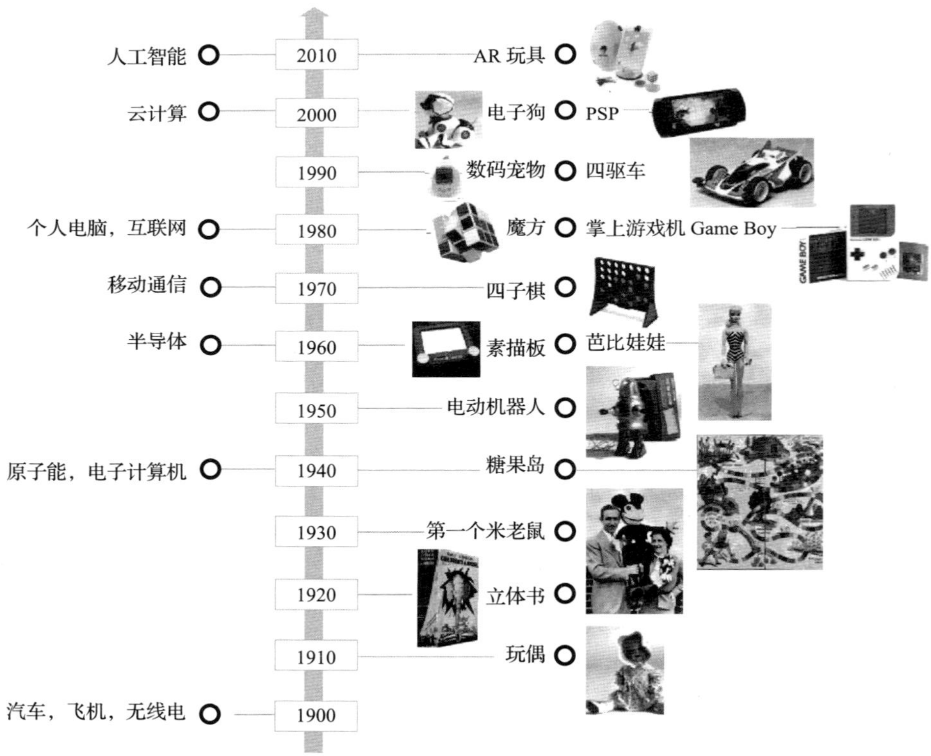

图 2－7　近百年来主要的技术革命[①]与流行玩具的变迁

① 此处“技术革命”是指在当时“改变世界的发明”，此图系参考吴军博士的《浪潮之巅》而绘制。

➤ 产业常常滞后技术

很显然，随着时间的推移，玩具的技术含量会不断增加。当一种新技术出现后，它往往需要经过一段时间之后才会被应用于婴童产品，并得以普及。

但是，我们也不得不承认，婴童产业对科学技术做出大规模响应的时间是大大滞后的，如图 2－8 所示。这个滞后期也许是 10 年，也许是 20 年，甚至可能是 50 年。比如，19 世纪末便已经出现了汽车技术，20 世纪 40 年代已经出现了遥控技术，但是高端遥控汽车模型却是至 20 世纪 60 年代方才面世，至 20 世纪 90 年代才得到大量普及。

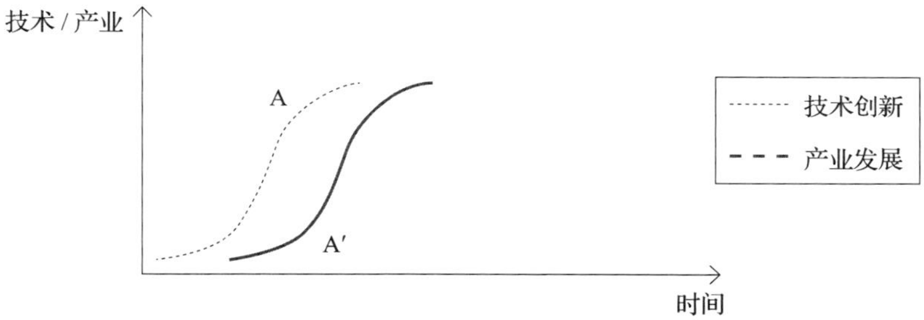

图 2－8　技术创新周期与产业发展周期的迟滞现象

为什么婴童产业的产品创新会表现出如此明显的滞后性呢？这主要是由婴童产业所属的科学技术研究类型所致的。按照科研过程阶段，我们可以分为基础研究、应用研究与开发研究三种类型，如图 2－9 所示。

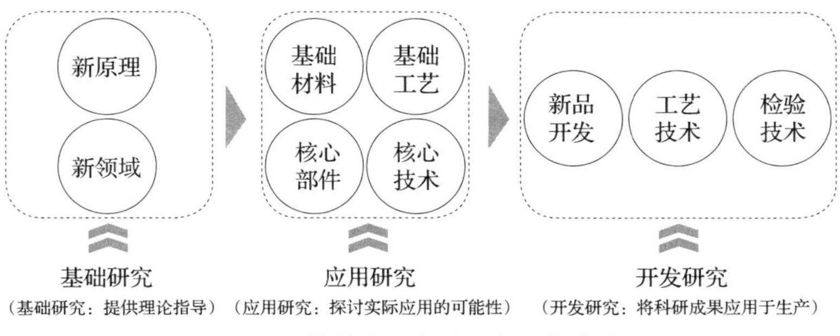

图 2－9　从基础研究到开发研究的过程

从牛顿提出第三运动定律，到阿波罗 11 号利用这个原理登月，中间需要克服的技术难关数不胜数。牛顿第三运动定律属于基础研究成果，阿波罗 11 号是开发研究成果，介于两者之间的则属于应用研究。

一般而言，基础研究往往需要借助天才的头脑、巨量的资金。目前，婴童产业尚未拥有进行基础研究的能力。应用研究同样需要巨大的投入才能取得进展，婴童企业已经出现了不少自主生产原材料、元器件的企业。比如，星辉就拥有自己的塑胶颗粒工厂，但是目前能够自主展开应用研究的企业寥寥无几。

婴童产业的技术研究属于开发研究，而且目前已经较为发达——每年婴童产业设计的新产品层出不穷，且创意无限。

事实上，基础研究和应用研究都需要较长的时间，开发研究若要大放异彩，往往需要待基础研究和应用研究进入成熟阶段之后，这就决定了婴童产业的技术创新周期往往滞后于理论研究和应用研究的周期。

第二次世界大战以来，计算机技术、微电子技术、空间技术、生物工程技术、信息技术、人工智能等一系列科学技术成果被应用到了婴童产业之中，引起婴童经济一次又一次变革，不断拓展着产业生存的疆域边界。

以好孩子的高速安全座椅系列产品为例，这一系列产品运用了 GBES 吸能技术，而这项技术早就用于欧美及我国神舟系列飞船上的安全着陆，但是“从应用技术到婴童产品的开发”这一过程却足足经历了半个世纪。之所以要经历这么长的时间跨度，恰恰是为了让应用型技术能够真正成熟，进而演化为开发型研究成果。

企业需要尊重技术创新与产品创新的基本规律，如果在基础研究、应用研究尚未成熟时就贸然开发，往往会使企业付出非必要的、高昂的代价。

以 VR(虚拟现实) 技术为例，目前这一技术市场并未真正启动，这一点我们从各地冷清的 VR 体验店可以看出。与这种情况相对应的是来自企业方面的大量投入。据统计，2016 年全球的 AR/VR 领域投资达 12 亿美元，而 2017 年风投公司第一季度的投资便已高达 17 亿美元，这其中近 10 亿美元来自中国。这种高投入能否将应用型技术有效转化为被消费者广为接受的开发型技术，还需时日。

这给我们一个启示：只有那些经济实力或资源足以支撑长期的应用型研究的极个别企业，才有必要考虑涉足应用型研究，最终享受成功后的高额回报；实力或资源不足的企业，切忌轻易试水，否则最终面临的必然是惨败结局。

➤ 产品与技术的关系

婴童产品可以借助高科技研究成果来设计，但并非所有的婴童产品都需要借力高科技来实现。从实践角度来看，企业进行婴童产品设计的出发点应是满足消费者的需求，而这种满足先是通过一套解决方案进行设计，最终有可能落实为某种具体的、携带某种技术的产品。

比如说，婴儿推车是一款技术性产品，在婴儿推车创造之前，企业需要先行逆向思考的是消费者的需求。这个需求是解放婴儿的父母，让他们得到放松。那么，要想满足这个需求，制造婴儿推车仅仅是一种解决方案；同样，制造小背篓也是一种解决方案。婴儿推车需要科学技术和配件组装技术，而小背篓需要的是编结技术。

目前，虽然婴儿推车占领了很大的消费市场，但是小背篓在一些市场区域也仍然保留着不小的消费群体。

新科技产品常常成为吸引消费者眼球的热点，但这并不意味老牌产品自此走向末路。事实上，如果老牌产品能够与新技术做好融合，它们很可能继续保持常青之态。

20 世纪，电子类玩具甫一出现就掀起一阵巨浪。有人断言，更早流行的乐高、芭比娃娃会被取代。但是现在，乐高和芭比娃娃仍然在热卖，它们甚至还利用更先进的科技手段让老牌产品更具光彩，如图 2－10 所示。

乐高地人机 Flybrix，由乐高玩具组装而成，配上组装套件（马达，电池和电路主板，螺旋桨），用户可以借助智能手机操作，也可以用遥控器单独操作。

芭比娃娃梦想屋，运用语音识别系统，用户可以用语音操控芭比娃娃在屋中的种种行为，而芭比娃娃也会用语音来回复孩子们的请求。

图 2－10　2016 年，乐高和芭比娃娃推出的智能产品

我们再反观那些一度极其先进的电子玩具，如今很多已经逐渐走向没落，日益被智能玩具所取代。

事实上，这恰恰验证了奥地利经济学家熊彼特的创新理论：当一种新的技术投入应用之后，由于新旧两种产品的对比，势必会给首先应用新技术的企业或人群创造获利条件；而当这种技术应用被大多数企业所掌握时，这项技术引用的盈利空间便到达了顶点，自此逐步进入衰退阶段。直到新的科学技术被注入产品设计之中，那么由这一技术诱发的新一轮经济增长便又开始了。

2. 技术升级与应用

技术升级属于连续性创新，比如儿童自行车的设计目前正朝着“越来越安全、越来越轻量化”的方向发展。而应用转换则属于非连续性创新，比如将现有产品获取从售卖形式转为租赁或分享形式，将婴童玩具转换为教具并售卖教育理念。

➤ 技术升级的优势

技术升级是一个累积的过程。对于企业来说，技术优势一旦形成，那么同行业的竞争者是难以撼动的。

创立于 1999 年的国内儿童自行车品牌 ROYALBABY（优贝）已经在 2014、2015、2016 年连续 3 年成为美国亚马逊儿童自行车销售冠军，在天猫连续 6 年蝉联高端童车销量冠军，更让公司自豪的是，优贝没有打价格战，反而每年上调价格，目前同类型产品已经超过了著名品牌迪卡侬。销量高，价格高，自然利润高，而背后起关键作用的正是其强大的研发技术力量。

为了做出高端产品，优贝在一切可能的环节下功夫。比如，一开始，优贝采用行业通用的辅助轮，发现这样的辅助轮如果小胖子骑的话容易变形，于是他们自己研发了一款“永不折弯辅助轮”。这样的小创造共同打造了优贝自行车的高品质、专业性。

为了解决产品仿冒问题，优贝主要采取了两种措施：首先，优贝每年申请几十项专利，并且与专业的律师团队合作，职业打假；其次，优贝在设计上尽可能规避使用市场标准件，这样一来，如果其他企业试图抄袭优贝的产品设计，必须重新开模，这会使产品成本大增，得不偿失。

就这样，优贝一步步进行技术升级，逐渐给自己筑起了一个坚实的技术壁垒。

当然，技术升级对于企业来说所需的投入是不容小觑的，而且技术升级并不能保证企业长久地聚焦消费者的视线。所以，有时候我们不妨转换视角，转换产品应用，或者拓展该产品的可辐射范围，为搭载着技术的婴童产品拓展出一条新的发展路径。

➤ 技术的应用转换

应用转换实际上是为了满足客户需求而提供另一种解决方案，但不是在同一解决方案上提供另外一种产品。目前，从业者们已经在这方面进行了不少尝试，比如玩具租赁。这种模式是搭载共享经济而转换生成的一种新的应用模式。

我们知道，玩具作为占地空间大、保鲜时限短的耐耗品，资源的浪费和闲置现象十分严重。在玩具租赁模式下，消费者可以以相对低廉的价格使用更多的玩具，同时避免了玩具囤积造成的空间占用。

在电子商务逐步成熟的今天，玩具租赁交易市场蓬勃发展起来，母婴用品、闲置玩具的交易量在闲鱼、转转等二手市场平台上的交易量尤为活跃，成为排在手机和服装之后的第三大品类。玩具超人（如图 2 - 11 所示）、玩多多·智多多等租赁平台应运而生。

图 2 - 11　玩具超人 APP 页面截图

就目前来看，虽然部分父母担心二手商品的安全、卫生、质量、档次，并且消费者之间二手交易的监管空白尚有待完善（可能存在一定的安全隐患），但是这种应用转换的思路是值得肯定的。

在观念经济中，消费者永远不会拒绝更多的可能性和更新鲜的玩法。而如果婴童企业能够搭载某种技术，使原有技术产品得以持续销售，那么这种应用转换便算得上一次技术的进步。

共享单车的出现对传统自行车行业来说就是个典型的破坏性创新。本来中国的自行车市场已经瓜分完毕，并且技术路线非常清晰，整车重量、减震行程、轮径、速别、刹车等都是公认的竞争点。结果共享单车突然出现，根本不和它们走相同的技术路线。就这些共享单车本身来说，怎么也比不过原有自行车大厂生产的自行车，这些简陋粗鄙的家伙甚至连个后座都没有，电影中小伙子骑车带着自己心爱姑娘的场景是再也看不到了。共享单车的技术路径在哪里？在 GPS，在收费系统，在 APP。至于什么整车重量、减震行程、轮径、速别、刹车等，以后再说吧，根本不重要。为什么会这样呢？

如图 2－12 所示，自行车带给客户的核心价值，只是短途通勤。为了达到这个目的，自己买一辆自行车是一个解决方案。如果是自己的自行车，那么自然要精心挑选一下，比如车重、轮径、刹车等。同样，租一辆共享单车也是一个解决方案，而且比自己买车要省很多事儿，比如不用担心被偷、不用考虑停放场地问题等。既然是租来的，那么能骑就行了。只是这样的话，自行车的归属就变成了提供单车的公司，为了防止种种不文明现象，它们选择的技术升级路径变成了 APP、GPS。

图 2－12　核心价值、解决方案与具体产品

由此可见，破坏性创新实际上是为了满足客户需求提供的另外一种解决方案，而不是在同一解决方案上提供另外一种产品。这次共享单车冲击仅仅是对成人通勤车市场，但是谁又能保证下次冲击不是针对儿童自行车市场呢？

第 4 节　全球市场

全球化带来全球市场，其背后意味着什么？它意味着更多的机会，更多的交易，更多的可能性；同时，它也意味着不同的生活方式、思维观念、文化传统之间，由表及里、由浅入深的冲突和矛盾，甚至排斥。简言之，机遇总是与挑战并存。对于中国婴童企业而言，这就需要从被动接受状态转换为主动参与状态，如此才能在全球市场中占据更为有利的地位。

1. 世界工厂的输出

在全球化浪潮下，人们从全世界采购商品，同时也把产品销往全世界。婴童用品和玩具是中国传统的出口强项，2015 年中国玩具出口额达 973.5 亿元人民币（约合 156.66 亿美元），同比增长 12.1%。中国作为“世界制造工厂”，正在走向世界。

➤ 婴童产品质量之忧

在全球化模式下，中国婴童产品的发展隐忧仍然存在。欧盟委员会（European Commission）公布了 2016 年非食品消费品快速预警系统的报告。在这份报告中，我们看到这样几个数字：玩具类以 26% 的总召回比例高居榜首（不包括“其他种类”）；被召回的所有产品中，超过一半来自中国。2004—2016 年世界各国被召回产品占比及变化趋势，如图 2－13 所示。

部分人为“产品输出又召回”找到了一个看似有理的说法：据市场调研公司 IBIS World 2015 年的数据，中国是全球最大的玩具制造商，占世界产量的 70%；2016 年中国出口至欧盟的商品价值达到 3 446 亿欧元，占欧盟进口产品价值的 20.2%……因为出口基数较大，因而出问题的概率也随之增大。

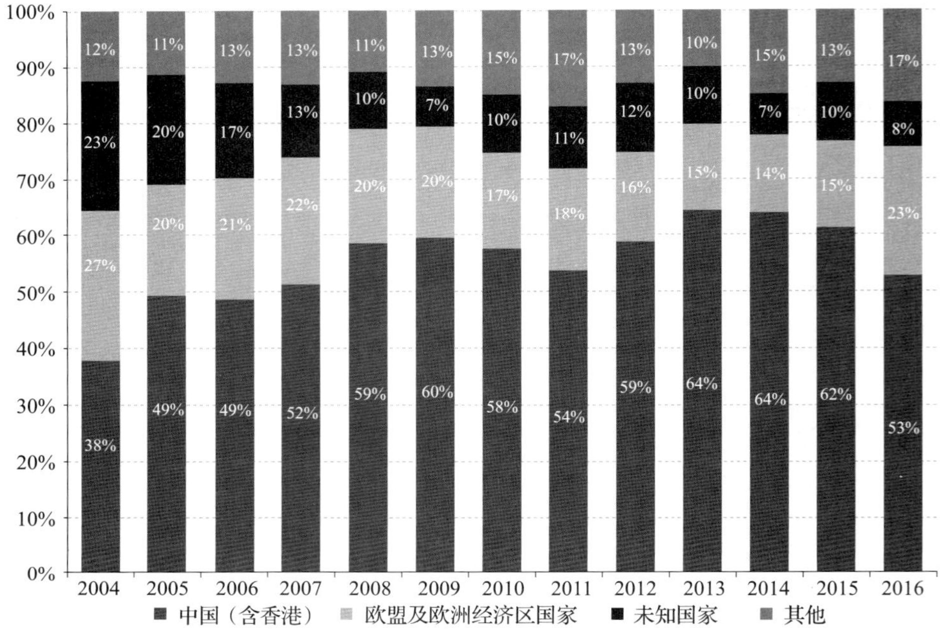

图 2－13　2004—2016 年世界各国被召回产品占比及变化趋势

然而，对于全球消费者而言，理由不过是借口，任何婴童企业都没有质量问题豁免权。质量是消费者需求的底线。每一次召回，每一次通报，都是对走向世界的中国婴童企业的信誉重创，更是对婴童产品和玩具使用者的真实伤害。

近年来，随着欧盟颁布的玩具法规及标准越来越严格，中国玩具频繁遭受欧盟非食品类消费品快速预警系统（RAPEX）通报，给中国企业带来巨大的经济损失。其中，在 2016 年 RAPEX 发布的 477 例玩具通报中，涉及中国大陆的被通报比例高达 90.78%，与 2015 年相比不降反升。

这给中国婴童企业以警示：在全球化市场面前，我们更要努力做到与国际标准接轨，以契合国际化需求。

➤ 婴童产业文化输出

事实上，婴童产品既可以是一件单纯的货物，也可以是一个文化的符号。婴童经济是一个观念型的经济体，而观念的最深层是文化。当我们寄予贸易往来以文化输出的厚望时，婴童产业显然更适合扮演一个讲故事的角色。

> 一个显而易见的例子是，一个人即使不了解美国，也会喜欢漂亮、多变、时尚、靓丽的芭比娃娃；即使他没去过美国，也能通过超人、蜘蛛侠、钢铁侠等个性鲜明的动漫形象感受到美国个人英雄主义的核心价值观。

我们需要重新审视婴童产业全球布局的战略意义，对于中国的婴童企业而言，“走出去”不仅仅是跨越地理上的藩篱，更重要的是克服心理上的距离和文化上的隔阂。

中华文明作为世界上屈指可数且绵延不断的巨型文化，应该如何借助婴童产业的全球化布局走向世界，被更多人了解和接纳呢？换言之，中国的婴童企业和婴童产品到底应该向世界输出什么？在那些合格产品中，我们除了看到“中国制造”，是否还能够对其赋予中国文化的典型性聚焦与个性化表达？

婴童产业从业者应当认识到：中国有能力让世界变得更加丰富多元，因为我们是一个充满民族特色和文化底蕴的中国。所以，如今我们必须思考清楚的问题是：如何用世界语言，讲好中华文化故事，或者说，如何将中国特色，以一种喜闻乐见的方式传递给世界。

可以说，世界市场的机会窗口正在向中国婴童产业打开。接下来将发生怎样的故事，取决于每个婴童产业从业者的态度和行动。

2. 产业经营的升级

在中国制造以及中华文化价值观对外输出的关键时刻，我们必须考虑清楚一个问题：怎样经营中国的婴童产业，才更容易为世界所接受，为婴童经济打造新的世界秩序，为中国婴童经济制造新的繁荣周期?

➢ 产业能力升级

中国婴童产业升级，必须从产业本身核心能力的升级开始。在全球化经济环境下，从业者不宜盲目乐观或过度悲观，我们必须对中国婴童产业和世界婴童产业形成清醒的认识。

（1）核心能力补强

就目前而言，中国婴童产业乃至中国制造产业的整体核心能力仍然局限于生产环节。

按照工业体系的完整度来说，中国是全世界唯一拥有联合国产业分类中全部工业门类的国家——39 个工业大类，191 个中类，525 个小类。毫不夸张地说，这是难以复制的巨大经济成就。但是，欧美国家并不完全依赖“中国制造”。

在此，我们需要警惕以下两个倾向：

一个倾向是，生产环节在转移。部分国家从成本控制的角度开始调整生产环节的地理布局，部分发达国家的制造业开始回流，如 2017 年美国期望通过“税改”实现制造业回流国内；还有一部分国家将生产制造环节转移到了东南亚国家，如印度、越南等，但是后者在劳动力的品质控制与技能娴熟度上与中国劳动力相比存在较大的不足。

另一个倾向是，以人工智能解放传统劳动力。

据汤姆·戴维斯——一位生产高档眼镜架的英国商人曾介绍说，数控机床曾卖到 25 万英镑，而现在的价格仅为原来的 5%，这些机床和软件的价格不仅便宜，且容易使用。这一切意味着他需要的员工（无论中国员工还是英国员工）要远远少于过去需要的数量。

中国婴童经济必须对上述方面加以综合考虑，在评估外部资源的过程中，让我们当下的核心能力得到更有效的应用，进而实现更强的辐射力度。同时，也需要考虑如何建立其他领域的核心能力。这样，才能在十年乃至更长的时间内，使中国婴童产业的全球化发展更进一步。

（2）与国际规则接轨

欧美婴童产业的根基较为深厚，无论渠道开拓、品牌运营，还是产品设计等方面，较中国婴童产业来说都更有经验，在产品质量要求方面也形成了更为高水平、系统化的标准。

中国婴童企业如果无法与国际规则接轨，那么很可能在全球化输出的过程中被撞击得头破血流。以安全标准体系为例，目前国内的质量标准开始实施 3C 强制认证，但整个质量标准体系的具体要求仍然不够完善，与国际水平相比仍然存在较大的一段距离。当然，最好的模式就是与国际接轨。

部分婴童企业已经创造了国际接轨的成功案例。比如贝因美，它从 1992 年生产米粉之初，便采用了国际产品标准。全球化输出的婴童企业都有必要学习与借鉴贝因美的做法。

➤ 国际合作模式

基于目前以及未来的婴童产品及文化输出的预期，我们除了要实现单个企业的核心能力提升之外，还需要国际化合作。今天，婴童企业绝不可局限于单打独斗，有效的联合才能创造出更大的产业发展力量，这是毋庸置疑的。

未来，更多的中国婴童企业将着力开展国际合作模式，最大化地整合各方优势资源，搭建起中国唯一的国际性婴童展览平台，推动海内外优秀婴童企业实现跨越式发展。

> 2011 年 12 月 15 日，中国玩具和婴童用品协会与德国科隆展览中国有限公司就联合主办中国婴童展在北京签署合作协议。
>
> 其中，中国玩具和婴童用品协会的会员超过 4 500 家，行业号召力和向心力进一步提升；而该协会主办的中国国际玩具展称得上是中国大陆第一大专业玩具展。科隆展览是目前世界上最大的专业展览组织者之一，每年成功举办约 70 个国际展会，涵盖了世界上 25 个行业的主导博览会，其中“德国科隆 K+J 国际婴儿、青少年服装及用品展”可谓是全球最大的婴童用品展。

两者联手开办中国婴童展，可以最大限度地实现优势互补以及婴童用品展商与买家的资源整合。通过合作，双方进一步扩大了展会规模，提高了展会内涵，把中国婴童展办成了高质量、高水准的国际一流专业展会和业内知名品牌。

除了在婴童产业平台方面寻求国际化合作点之外，国内外企业之间也在尝试有效合作的路径和模式，比如收购国外企业，与国外当地企业共同打造联合实验室、推行产品线本土化落地等。

> 2014 年，好孩子集团在儿童安全座椅市场连连出击，连续宣布收购德国高端儿童安全座椅品牌 Cybex 和美国著名的中低端婴童用品品牌 Evenflo。以收购模式，好孩子吸收了 Cybex 在产品设计、创新等方面的经验，同时获得了已经形成健全体系的国际销售网络。目前，这些国际化合作的战略合作模式已经初见成效。

可以预见，在未来的 3 至 5 年里，中国婴童经济将迎来一个新的发展机遇期。中国婴童产业将通过走出国门、走向全球，同时将全球资源引进国内的过程，打通全球化产业经济发展的脉络，推进全球婴童产业经济快步走进新的历史阶段。

核心观点

➤ 婴童市场能否繁荣起来以及繁荣到何种程度，很大程度上取决于消费群体当下的购买力和他们的产品消费意愿。

➤ 随着中国经济的持续增长和购买力的逐步释放，我国婴童产品消费者的消费观念已经进入品质消费阶段，越来越愿意为品质买单。

➤ 第四波婴儿潮会不会到来，尚不确定。但是，预计在未来几年，婴童产业仍可享受到新生儿小波峰的红利。同时，城镇化和人口迁移，将为婴童企业带来新的细分市场和机会。

➤ 婴童产品的消费贯穿于每个孩子的整个成长过程，每个年龄段都有对应的婴童产品。通过分析前一年龄段对应婴童产品的市场表现，我们可以很好地预测下一年龄段对应婴童产品的市场表现。

➤ 从本质上来说，婴童用品和玩具并不属于科技前沿产品。对于技术创新，婴童企业需要尽力避免投入巨大、耗时漫长的基础研究和应用研究，重点专注于开发研究。

➤ 婴童企业，一方面可以进行连续性创新，不断地进行技术升级；另一方面也可以进行应用转换，甚至破坏性创新，为满足客户需求提供创新性解决方案。

➤ 全球市场对中国婴童产业既是机遇也是挑战。中国婴童企业只有升级自我能力和产品质量，才能抓住市场机会，进而输出我们自己的文化。

第 3 章　供给转型

在婴童经济大的繁荣周期之下，消费者的需求正在悄然升级之中。我们会发现，消费者需要的越来越不再是廉价、同质化的婴童产品，而是产品安全、环保还要服务于孩子的健康快乐成长。作为供给侧的婴童企业，必须主动应变，通过自我转型来应对挑战。

当前，婴童产业面临着利润微薄、附加值低、产业集群效应不佳、市场反应迟缓四个主要问题。婴童企业可以从低价突围、价值升级、产区协同、市场牵引四个维度进行转型，进而抢占行业未来的制高点。

深度思考

婴童产业如何突破同质低价的困局?

从价值链低端到高端需要什么条件?

如何通过产区协同来打造产业集群?

为什么供给转型必须以市场为牵引?

第 1 节　低价突围

曾经，低价是中国企业的杀手锏，它使中国成为名副其实的世界工厂。然而今天，一方面，“中国制造”的各大生产要素的价格越来越高，生产成本下不来已成事实；另一方面，受困于“中国制造”同质低价，产品价格又很难提得上去。因此，“中国制造”的利润越来越薄，日子越来越难过。这种情况在婴童行业也很普遍。

那么，作为供给侧的婴童企业如何才能破解低价的困局呢？首先，我们要找到低价的原因。低价的根本原因是产品同质化，同质化必然引起价格战，价格战的后果一定是低价。其次，破解低价的困局，本质上就是打破同质化，而差异化无疑是一条切实可行的路径。

1. 利润为何越来越薄

利润的多寡取决于两大要素：一是成本，二是收益。成本与各大生产要素的价格密切相关，而收益则与产品的价格密不可分。当生产要素成本优势逐渐消失，直接的后果就是“成本下不来”；当产品价格只能卖低价，直接的后果就是“收益上不去”。这样，利润只会越来越薄。

➤ 要素成本优势消失

过去，我国婴童产业的各大生产要素，如劳动力、原材料、土地、能源、环境等的价格都非常低廉，婴童企业也因此获得了全球竞争力。但是，伴随着我国经济发展进入新的阶段，这些生产要素的成本正在逐步攀升，过去的成本优势正在逐渐丧失。

以我国的劳动力成本为例。表 3－1 是日本贸易振兴会于 2014 年统计的“日本企业在亚洲 11 国的平均人工成本（年薪）”。

表 3－1　　日本企业在亚洲 11 国的平均人工成本　　年薪，美元

国家	生产行业			非生产行业	
	工人	工程师	管理	职员	管理
新加坡	26 285	48 435	69 548	39 119	72 640
中国	8 204	13 045	22 921	15 411	35 786
马来西亚	7 630	15 641	29 499	14 439	30 829
泰国	7 120	12 444	25 143	11 049	26 109
印度尼西亚	4 481	7 215	16 468	7 263	19 213
菲律宾	4 012	6 611	15 807	7 678	19 742
印度	3 618	8 693	20 123	8 615	23 513
越南	2 989	5 800	13 499	748	18 452
缅甸	2 062	4 700	12 312	5 178	13 776
柬埔寨	1 887	3 996	9 054	5 599	13 811
老挝	1 718	2 615	12 153	4 802	17 422

从表 3－1 可以看出，2014 年，越南日资生产企业的工人平均年薪为 2 989 美元（约合人民币 18 663 元），而当时中国日资生产企业的工人平均年薪已经高达 8 204 美元（约合人民币 51 225 元），即平均 1 个中国工人的工资相当于 2.74 个越南工人的工资。而与人口众多的印度相比，平均 1 个中国工人的工资则相当于 2.27 个印度工人的工资。

不但我国的劳动力成本在攀升，其他生产要素的成本也同样在上升。比如土地要素，企业用地的价格在上升，部分产区甚至还遭遇了难以获得审批用地的困境。再比如环境要素，因雾霾的环境污染，距离北京较近的河北平乡、广宗产区被限制生产，以响应环境治理之策。这些原因都促使各大生产要素成本优势丧失，使得婴童产业的原有模式难以为继。

同质化引发价格战

中国婴童产业早期阶段，婴童企业广泛采用的经营模式是仿制，即迅速发现市场热销产品，工程师进行逆向工程，不仅在产品和服务的外观上进行仿制，甚至连设备、工艺乃至原材料供应商都高度雷同。由于仿制过程省去了调研、研发和市场试错的环节，免去了大量的市场调研、研发、市场开拓方面的投入，所以大大地降低了产品的成本。

> 慈溪市福贝贝儿童用品有限公司的老板罗革，在 20 世纪 90 年代只身闯荡俄罗斯。看到当地市场上有一款婴儿推车卖得很好，已经不年轻的他硬生生把这款推车背回了中国。之后就是我们熟悉的逆向工程、开厂生产，这才有了今天的福贝贝。某种程度上，这也是当年中国婴童产业的一个真实写照。

客观地说，借助仿制，生产同质化产品，依靠低成本打开市场，是许多中小企业进入婴童产业的“敲门砖”。这是一条相对简单而快速的发展道路。但是，当同质化日益严重时，企业为了在市场上提升自己的销量，便会自然而然地比照同行对手去提供更低的价格，于是旷日持久的价格战几乎成为一种常态。

浙江省丽水市云和县是我国生产木玩的主要产区，也是世界上最大的木制玩具生产基地，而其前十大企业的产量又占了全县产量的 50%。然而，这里的木玩价格却持续走低，甚至有经销商称："在这里买木玩，跟在菜市场买菜是一样的——虽然看起来是一个个不同的摊位，但其实都是一个批发市场里出来的，只要多走几家，总能找到一家最便宜的。"

于是，在"你报一个低价，我报一个更低价"的过程中，婴童产品售价越来越低，成本被压缩到不能再压缩，再加上各大生产要素价格又处于上升状态，婴童企业的利润自然也就越来越稀薄了。

毫无疑问，在供不应求的时代，产品同质化快速满足了市场需求，造就了婴童经济的一时繁荣。但是，如今这种经营模式已经开始走向衰亡，婴童企业也必须转型以适应这种变化。那么，为什么会发生这样巨大的变化?

首先，昔日的生产要素成本优势正在消失，同质化已经无法再维持低成本优势。其次，消费观念开始升级，进入品质消费阶段，同质化产品已经无法满足消费者当下与未来的需求。最后，同质化现象背后是"仿制"的本质，在法律环境日趋完善的今天，人们日益关注知识产权问题，已经无法继续通过"仿制"这种"擦边球"途径来获得长期盈利。

据 2016 年统计数据显示，婴童企业之间的纠纷中，超过 80% 属于侵权纠纷。各地方政府在竭尽所能地对自己所管辖区域的企业提供维权服务，各优秀企业也在努力地利用专利为自己打造一道保护墙。时至今日，虽然侵权问题依然很多，但是整体环境正在持续改善，仿制盈利模式已经越来越没有生存空间。

既然同质化时代开始走向终结，那么差异化时代也必将由此开启。

2. 差异化是必然选择

差异化是婴童企业破局同质低价竞争困局的必然选择。差异化，意味着在某一方面或某些方面独树一帜，形成自己独特的竞争优势。这些方面可以是市场细分、生产工艺、经营模式、品牌营销、销售渠道，等等。

➢ 多样性与有效性

对于婴童企业来说，差异化的方式可以多种多样，但其最终的衡量标准一定是差异化是否有效。因此，差异化具有两个基本特征：多样性和有效性。

（1）差异化的多样性

差异化意味着与众不同，那么它必然有多样化的表现形态。比如，在童车产区汉川的一次业内讨论会上，一位年轻的企业家问道："童车这个东西就是四个轮子加块布，怎么实现差异化呢？"其实，差异化的实现途径是非常多的。

市场细分的差异化。Baby ruler 公司的定位是"重塑线上高端童车第一品牌"，其中有两个关键词：线上、高端。之所以选择"线上"，是为了避开"好孩子"等相对强大的品牌；之所以选择"高端"，是因为低端品牌的企业较多，而且高端产品不易被模仿，如果能够把差异化形式固化下来，那么便可能使自己发展成为"婴儿推车中的劳斯莱斯"。

生产工艺的差异化。明门（中国）幼童用品有限公司长期积累欧美市场经验，设计优于各国法规要求，目前是全球婴幼儿产品最大的 ODM 工厂。这也是它一贯支持国外提高标准的原因。

品牌营销的差异化。"好孩子"在婴儿推车领域的知名度较高，据 GFK（市场研究公司，总部位于法国纽伦堡，是全球五大市场研究公司之一）《2014 年中国婴童用品和玩具市场调查报告》显示，在全部受调查的 38 个婴儿手推车品牌中，好孩子的品牌认知度在一线、二线、三线城市都高居榜首。这种知名度的实现，除了产品本身确实极具竞争力以外，公司的营销模式也功不可没，老板宋郑还经常上新闻，而每次上新闻时则必谈创新、必谈技术、必谈核心竞争力。

当然，为了配合差异化的实现，婴童企业必须考虑自身能力——通过对企业自我分析，认清优势、弱势与企业的核心能力，并以核心能力为主题，确定恰当的发展领域，打造自己的专业性和不可替代性。

（2）差异化的有效性

目前，不少婴童企业已经意识到了差异化的重要性，这在全球、全国的新品展览会上可以得到体现——新品非常多。可见，很多婴童企业都试图通过推出新品来实现差异化。但是，同时也存在一个显著问题：爆品（卖得特别火爆的产品）屈指可数。这说明了：婴童企业采取的差异化实践并未被消费者认可，算是无效的差异化。

汉川产区某婴童企业在产业转型升级的背景下，管理者痛定思痛，决定实行差异化，打造自己的特色。它的第一个差异化实践是对车子的设计创新，设计了一块挡板，其功能是方便农村妇女坐在上面抱孩子，结果销量几乎为零，模具最终全部弃用。第二个差异化实践是在车轮上加公司 logo，因这一“差异化”需求，供应商必须重新开模，车轮成本因此上升至原来的 1.6 倍，这一尝试最终也遭受了市场冷遇。

可以说，不被消费者认可的差异化就是无效的，只有赢得消费者认可的差异化才是有价值的。满足消费者的需求，赢得消费者的认可，这是定义差异化价值的唯一标准。

善全婴童用品（上海）有限公司生产汽车安全座椅，该类产品的制造企业非常多，因为厂家们都预测“安全座椅的市场需求量将非常大”。但是，安全座椅的实际销售增长率却并未达到厂家预期。很多厂家认为，这是家长安全意识不到位所致，寄希望通过立法途径来强行启动市场。

而善全却对市场进行了深度研究，它发现：即便家长具有安全意识、为孩子购买了安全座椅，但很多孩子并不喜欢传统形式的安全座椅，故不喜欢使用，而家长对孩子的迁就又会使得安全座椅市场难以火爆。

对消费者需求进行深度分析后，善全审慎研发新产品，颠覆性地以孩子喜爱的毛绒卡通动物为外观形象，结合亲肤、舒适的面料及填充物，在带给儿童安全保障的同时，也带给他们舒适、快乐的乘用体验。新产品上市后，有效降低了儿童对传统安全座椅的抵触心理，市场反响非常好。

善全的产品开发和设计，可以说是完全以儿童的体验和感受为出发点。这种差异化实践成果更容易为消费者所接受，市场表现自然更容易达成企业的预期。这也给我们一个启示：在差异化过程中，企业不宜只关注供给侧能力，还要主动、深度研究消费侧需求。

➤ 标准化与差异化

婴童企业需要给予消费者差异化的呈现，但是差异化呈现的背后必须是稳定的，是可以通过标准化实现量产的，否则差异化的商业价值就会大打折扣。我们可以从三个角度来理解差异化与标准化之间的辩证关系。

（1）差异化是外延，而标准化是底线

这一经营理念在美食中也有所体现。差异化对于师傅们的厨艺来说是一个考验，他们既要试图创新，同时又要尽量保持传统。川菜重要流派罗派第三代传人刘国柱非常强调对传统菜品的差异化改良，但却要坚持自己的底线，他说："厨师可以做融合，搞食材创新，融进西方的手法、欧洲的食材，或者日本的容器或摆盘，但不能改变它的味型。这个菜应该永远就是这个味道，不能改。"

（2）差异化是形式，而标准化是要素

我们可以从很多艺术形式中找到共鸣——绘画中有线条、形状、色彩、明暗、布局的要求，音乐中也有对于旋律、节奏、节拍、速度、力度的把握……无论是绘画还是歌曲，都是在标准化的基础上搞差异化。外在的差异化，一定有内在的标准化做支撑。

（3）差异化是变化，而标准化是不变

面对变化及其挑战，婴童产业从业者要追求"可预期的差异化"，培养一种"麻辣烫思维"——店家预备的食材都一样，但具体到每个人碗里都不一样。标准化不等于千篇一律，它其实是一种可控的状态，而过度差异化往往会带来失控和不稳定。

具体到实践层面，差异化可以是内容差异化、产品差异化、服务差异化、感知差异化、体验差异化等；而标准化则可以是工艺标准化、流程标准化、渠道标准化、要素标准化、品质标准化等。

以 IP 驱动差异化

一般层级的差异化能够帮助婴童企业从单纯的价格战中摆脱出来，避免恶性竞争；而顶级差异化则可以推动婴童企业进入蓝海——消费者不再纠结于企业产品或服务的价格，而是因“物有所值”的价值判断而心甘情愿地为产品或服务买单。在婴童行业，最常见的顶级差异化就是以 IP 驱动的差异化。

IP 是英语 Intellectual Property 的缩写，意思是“知识财产”，比如动画片、动漫形象等就是 IP。

图 3－1 为奥飞动漫出品的一把天地雷霆剑，京东售价 318 元。对于孩子（消费者）来讲，这是用来与怪兽决战、维护宇宙和平的武器，318 元的售价并不高昂。同时，家长们也会乐于为孩子的理想而买单。

为什么这把剑会被孩子们视为如此厉害的武器呢？这是因为，奥飞动漫旗下既有玩具制造工厂，又有动漫工作室、嘉佳动画频道。动漫工作室生产出动画片之后，在动画频道进行播放，孩子们在电视上看了动画片之后，这把剑的功能价值便被植入了孩子们的脑海中，因此，虽然这把剑成本才几十元，但是家长们却愿意以极高的溢价为孩子们买单。

图 3－1　天地雷霆剑

通过开发动漫、动画频道、玩具工厂、独立 IP，奥飞动漫自主创造了一条环环相扣的差异化路径，同时也使得其他企业难以进入，由此成功拓展出了一片蓝海。

目前已经打造出超级 IP（统一指“知识产权”）的企业不在少数，而且这些企业之间并不存在直接的竞争关系。

一是因为这些 IP 各具特色。奥飞动漫出品的《超级飞侠》，一开始就严格按照国际标准制作，每一集动画片超级飞侠都会去到不同的国家和地区递送包裹，在帮小朋友解决困难的同时，融入当地民俗文化、风土人情以及语言等，反映世界的多元文化，寓教于乐。“喜羊羊”也在 2017 年推出了全新的教育系列动画《智趣羊学堂》，主要针对 3 ～ 6 岁的学龄前儿童，通过简单趣味的故事来包装知识点。

二是因为 IP 之间并不冲突。小朋友们可以给奥飞动漫的巴拉巴拉小魔仙、日本的花仙子、美国的迪士尼公主排排序，再逐一观看；而这些动漫的延伸产品各不冲突，小朋友们也可以同时拥有。

当企业能够以超级 IP 来实现差异化之后，那么崭新的、更大的利润空间也随之拓展开来。

第 2 节　价值升级

婴童产业和其他产业一样，其中互相关联、能够创造价值的所有活动组成一条价值链。通常，这些活动包括设计、采购、生产、检测、分销 / 渠道、营销 / 品牌、增值服务等环节。然而，不同的活动或环节，能够分配到的利润空间却有着显著区别。

中国的婴童产业起源于代工，整体上长期处于价值链的生产环节，属于价值链的低端环节，利润空间狭小。在制造中心大转移和产业转型升级的大背景下，中国婴童企业如何抓住机遇，实现在全球垂直分工价值链中地位的爬升？甚至，如何跳出由欧美跨国公司主导的价值链，打造出由我们自己主导的全球价值链？

1. 价值链的窘境

在整个价值链上，各环节的利润空间表现出明显的不均衡性。这一普遍的经济现象，我们可以用图 3－2 的“微笑曲线”来表示。

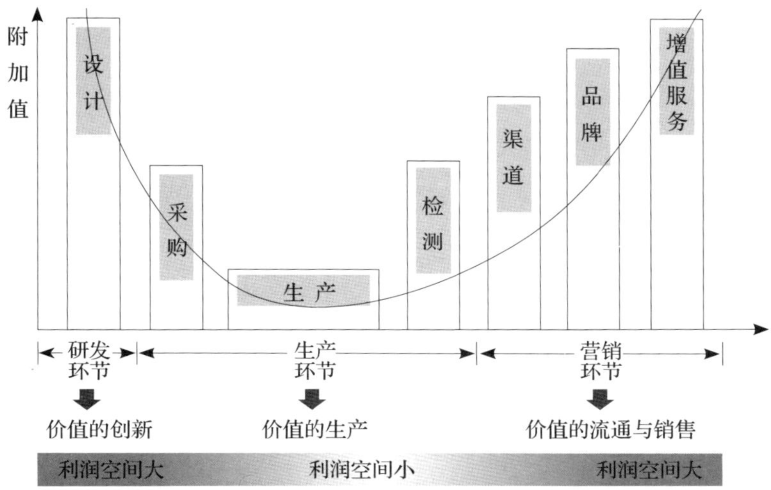

图 3－2　价值链增值的微笑曲线

如图 3－2 所示，我们可以看出，在整条价值链中，研发环节和营销环节的附加值较高，而生产环节的附加值最低，处于微笑曲线的最低处。这体现在现实中就是，从产业分工的角度来看，生产企业利润微薄，产品研发和营销销售的企业获利丰厚；从企业员工收入的角度来看，生产工人工资最低，研发、销售的员工工资最高。

之所以会有这样的利润分配，是因为可以从事生产的企业实在太多，竞争激烈，自然是利润上不去；而能够设计爆品、引爆市场的研发、营销类企业实在太少，因此自然利润丰厚。

➤ 价值链的全球化

早期阶段，诸多产业的价值链分布限于国内。而伴随着交通条件的改善和时空距离的压缩，价值链开始呈现出全球化分布的特征。在 20 世纪八九十年代，中国大量的制造企业进入到跨国公司主导的全球价值链中，并从事加工、装配等劳动密集型的生产活动。

图 3－3 是美国某服装公司的全球价值链分布图。其中，在整条供应链中起主导作用的龙头企业来自意大利和美国，它们把持了设计和销售，占据了价值链中的高附加值环节，具有话语权；印度、韩国、中国台湾和中国香港的企业，它们负责采购和检验，占据了价值链中的中附加值环节；而中国大陆的企业则负责生产加工，处于价值链中的低附加值环节。这与微笑曲线惊人的一致。

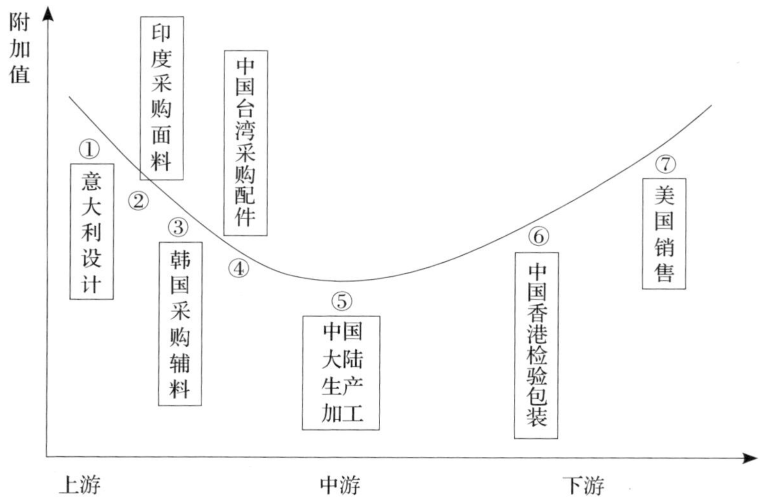

图 3－3　美国某服装公司的全球价值链分布图

在跨国公司价值链全球化布局的过程中，基于对利润的追逐，把每个环节都看作是孤立的点，在全球范围内寻找最低成本或最高价值，对各个国家或地区进行功能定位，以实现利润的最大化。比如，跨国公司将制造工厂一次又一次地向欠发达国家或地区搬迁，其本质上便是其全球价值链的战略转移和重新布局。

中国的婴童产业是从低附加值的生产加工开始的，目前很多婴童企业仍然处于这一环节，这也就解释了为什么中国被称为“婴童用品和玩具制造大国”，创造了大量的 GDP，但却并未收获多高的企业利润。

> 美国商务部公布的数据显示，一个芭比娃娃，从最初的设计、制造到终端的零售，整个价值创造接近 10 美元。但是，中国制造却只创造了 1 美元的价值，其余 9 美元的价值则来自产品设计、原料采购、物流运输、订单处理、批发经营、终端零售等环节。

不仅是婴童产业，其他产业也有类似的情况。那么，为什么中国企业会处于全球价值链的最低端环节呢？其实这是一种国际分工的选择结果。从当时的生产能力、自身优势、产业链参与程度来看，中国企业唯有从生产环节切入，才能有效进入世界产业链中，进而赢得生存和发展。

值得说明的是，虽然生产加工环节的附加值最低，但是这并不意味着它不重要或者理应被摒弃。事实上，无论多么新奇的创意，都必须经过生产加工环节才能成为现实；一切创意的实现，都会受到生产设备、工艺、技术等的制约。就因为如此，中国企业也在生产制造上形成了自己独特的优势。中国婴童产业的制造企业，也正在通过质量管理与技术升级进一步强化自己在全球价值链上的优势和核心竞争力。

制造环节的转移

伴随着长期的国际化分工和价值链的全球化布局，一些发达国家慢慢发现，“将高价值环节留在本国，将生产环节外发给中国”，这种分工模式虽然看起来很美好，但是却使得它们国内的生产型工作岗位日渐稀少，而它们国内的人未必个个擅长设计或销售。另外，制造企业是实体经济的基础，而实体经济又是国民经济的基础。

于是，2011 年，美国、日本等发达国家开始重新重视制造环节，奥巴马政府、安倍政府提出制造业回流计划。而以德国为首的欧洲发达国家凭借先进的自动化技术，与互联网相结合，开始构建智能化生产过程，加入全球制造环节竞争大军之中。全球价值链上的制造环节开始向中国之外的国家或地区转移。

当然，在历史上，承担价值链制造环节的国家——世界制造中心并不是固定不变的，而是一直在世界范围内进行转移。从全球的视野来看，历史上曾经发生过四次世界制造中心的大转移。

第一次大转移。最早的世界制造中心无疑是工业革命的发源地——英国。然后，在英国的带动之下，法国、德国、意大利、当年的奥匈帝国等欧洲国家发展了起来。但是，两次世界大战几乎摧毁了欧洲的经济，美国本土成为避风港，加上美国宽松的移民政策，吸引了大量的欧洲资本、技术和人口，从而实现了世界制造中心的第一次大转移。英美两国具有很多相似之处，再加上欧洲内乱不止，无暇顾及，因此这次转移的过程非常平顺。

第二次大转移。第二次世界大战摧毁了日本的工业体系，但并未摧毁它的人才和技术储备。之后的朝鲜战争、越南战争又为日本企业带来了大量订单，使其以较快的速度恢复了工业基础。同时，美国对日本开放了巨大的市场，并给予了金融支持，允许日本控制汇率以便出口（1 美元兑换 360 日元）。但是，后来因美国担心日本制造过于强大，开始从多个方面压制日本经济发展。

第三次大转移。日本持续振兴本国经济，开始主动把制造业往东南亚转移，并起名叫作“雁阵模式”：日本提供资金、技术、管理经验，是领导者，叫作雁头；东亚、东南亚，如新加坡、韩国等国和中国香港、中国台湾等地区，以及此后的泰国、马来西亚、印度尼西亚、菲律宾等地，提供廉价劳动力和资源（如东南亚盛产的石油、橡胶、棕榈油等），是为雁体和两翼；而中国大陆则提供原材料（如各种矿石、木材）、能源（如石油、煤炭）以及技术含量最低级的工业品（如纺织品），是为雁尾。在这种安排下，中国从1978年到2001年这24年间，外汇储备勉强达到2 121.65亿美元。

第四次大转移。1997年，东南亚金融危机忽然爆发，日本“雁阵模式”崩塌，东南亚的制造中心地位瞬间失去，原本排在雁尾的中国大陆抓住机会迅速崛起，并于2001年加入世界贸易组织。此后，美国忙于反恐，欧洲醉心于高福利和绿色环保，日本逐渐受困于老龄化，而中国却在热火朝天地为世界人民制造产品。目前，虽然中国GDP总量不如美国，但是制造业的GDP已经超过了美国制造业。

第四次制造中心的转移活动，造就了“中国制造”。然而，近年来，中国在土地、人口红利等方面的低成本优势正逐步丧失。

以人工成本为例，童车生产商Kolcraft的laments Dale Weathington对《经济学人》说：“人工再也不像从前那样便宜了。”这不是个别的偶然事件。中国的生产成本在过去四年中增长了20%。在上海美国商会最近一次会员企业的调查中，91%的企业都将“成本上升”排在挑战的第一位。而广东省蓝领工人的劳务成本每年增加12%，且伴随着大量的人工流失（最典型的是春节返乡后出现的大范围“用工荒”）。

在中国的生产要素成本优势逐渐降低的同时，东南亚的发展中国家表现出了低成本制造的优势，中国企业在全球价值链中的定位将被迫作出转变。此外，美国、日本、德国为了改变本国制造环节的劣势进行了不少政策性调整，也将制造环节转向东南亚。这对长期专注于生产环节的中国企业来说，将是不得不面对的急剧变化和巨大挑战。

当然，从国内来看，这种制造环节转移的现象也同样存在，并逐渐成为一种趋势。

> 广东汕头市澄海区已经逐渐赶超东莞，成为重要的玩具生产基地之一，其背后与广东省政府的“腾笼换鸟”政策不无关系。“腾笼换鸟”由时任广东省委书记汪洋在 2008 年 5 月 29 日以《中共广东省委、广东省人民政府关于推进产业转移和劳动力转移的决定》的文件形式正式提出，也叫“双转移战略”。它具体是指：珠三角劳动密集型产业向东西两翼、粤北山区转移；而东西两翼、粤北山区的劳动力，一方面向当地第二、第三产业转移，另一方面其中的一些较高素质劳动力，向发达的珠三角地区转移。

这种针对价值链制造环节的转移模式，使中国企业在总价值创造上表现得更为优秀，让中国经济、产业经济发展得更好。而从本质上讲，这种价值链环节的地域性移动和利润再分配，都属于价值链运营的范畴。

2. 价值链的升级

价值链的升级，离不开价值链运营。价值链运营，通常由价值链中的权力拥有者（比如龙头企业、各地政府等）对分散在各国或各地的价值创造活动进行协调和组织，来决定由哪个企业进入哪块市场，参与哪些环节的活动，获得哪部分的价值利润。

鉴于全球价值链运营工作的难度较大，关联因素也非常复杂，下面我们先从国内婴童产业的角度，来介绍三种价值链运营模式，及其升级的方向。

独立型价值链

目前，采用独立型价值链模式的企业，在婴童产业里比较常见。采用这种模式的企业的典型特征是，它们往往自己研发产品，自己开展生产，自己承担产品检验费或自设检验中心以自证产品质量，自己借助网络平台开设网店进行销售。从企业自身的角度来看，似乎已经形成了一条完整的价值链。但是，目前国内这类企业的数量并不多，发展规模一般也不大，从业者们对这类企业的评价往往是——小而全。

在采用独立型价值链模式的状态下，考虑价值链升级，那么这类企业就必须对整个企业的运作进行全线调整。但是，企业力量分布环节过多，又使得企业的力量较为分散，最终使得每一个环节都难有较大的升级幅度。而且，这类企业一般只能依靠自己的能力去进行价值链升级，很难得到外界的助力，这使得价值链调整很难见到成效。

关系型价值链

在婴童产业中，采用这种价值链模式的企业，已有不少成功的先例。在关系型价值链模式下，价值链上各个环节企业皆依赖于龙头企业的存在而存在，并为龙头企业的升级与发展提供全力支持，龙头企业与各个环节企业之间互相依赖，保持着良好的关系。这种模式在澄海产区是广泛存在的。

奥飞动漫是采用关系型价值链模式的典型企业。奥飞动漫与自己的合作伙伴多属于“亲戚朋友”关系。作为价值链的龙头企业，奥飞动漫每年从营收中提取一部分经费支出，帮助合作伙伴进行工艺升级，支持合作伙伴提升管理水平。与此同时，奥飞动漫还积极拓展价值链，目前已扩展到产品、动漫、电影、游戏等多个相关环节。

在这样的价值链模式下，只要奥飞动漫作为整条价值链的龙头企业一直存在，那么整条价值链就不会消失。奥飞动漫如果主动进行产业升级，那么整条产业链和价值链也会随之一并升级。但是，如果站在支持环节企业的角度来看，关系型价值链模式又可能被转化为一种受制型治理模式。

在这种价值链模式下，龙头企业既可以强行带动各个环节企业进行产业升级，也可以选择对它们进行技术锁死，永远把它们压制在价值链最低端，甚至可以选择把某些企业踢出价值链。各个环节企业为了避免自己陷入受制状态，就必须抓紧时间提高自身能力，主动对自己进行持续升级，以与其他企业处于对等地位。

➤ 市场型价值链

在市场型价值链模式下，整条价值链上没有突出或典型的龙头企业，价值链各环节之间是纯粹的市场交易关系，每个环节企业都有能力提供这个环节的完整服务，因此，各环节企业之间的地位是相对平等的。

平等关系的建立是因为合作企业实力强大，如果能够达成长期合作意向的话，对彼此的升级都大有帮助。如果市场型价值链的某个环节转移出当地，并不代表着合作伙伴必须跟随离开。

从理论上讲，市场型价值链模式是最理想的价值链状态，也是所有的婴童企业未来努力的方向。

第 3 节　产区协同

企业的生产经营活动总要在一定的地理空间内展开，婴童企业也不例外。众多的婴童企业在某个区域选址，抱团取暖式地不断聚集，形成“扎堆”的现象，就是“产业集聚区”，简称“产区”。

产区关乎单个婴童企业的选址问题，关乎整个婴童产业的产业结构。良性互动的产区模式，往往有利于提升整个产区以及身处其中的每个企业的竞争力；而缺乏协同的产区模式，往往会使整个产区以及身处其中的每个企业陷入恶性循环、恶性竞争之中。

1. 婴童产区的问题

婴童产区的形成，便于形成规模效应和集群效应。产区内的所有企业在价值链各环节上形成分工，建立动态稳定的合作关系，共享物流运输和外部配套，有利于提高整体竞争力，为消费者提供品类丰富、价格实惠的婴童产品。同时，也可以在产区内形成规模经济，带动当地经济的长期发展。

➢ 婴童产区的分布

目前，在地理空间上，中国婴童产业主要集中分布于七个省的 20 个产区，分别为：广东省的澄海、东莞、中山、佛山、深圳，浙江省的平湖、宁波、云和、黄岩（台州）、永嘉、金华，江苏省的昆山、宝应，安徽省的舒城，湖北省的汉川，山东省的滕州、临沂、青岛，河北省的平乡、广宗。事实上，几乎每个产区都以单一品类为核心，即产区内的企业大多生产同类产品。中国婴童产业的产区分布情况，如图 3－4 所示。

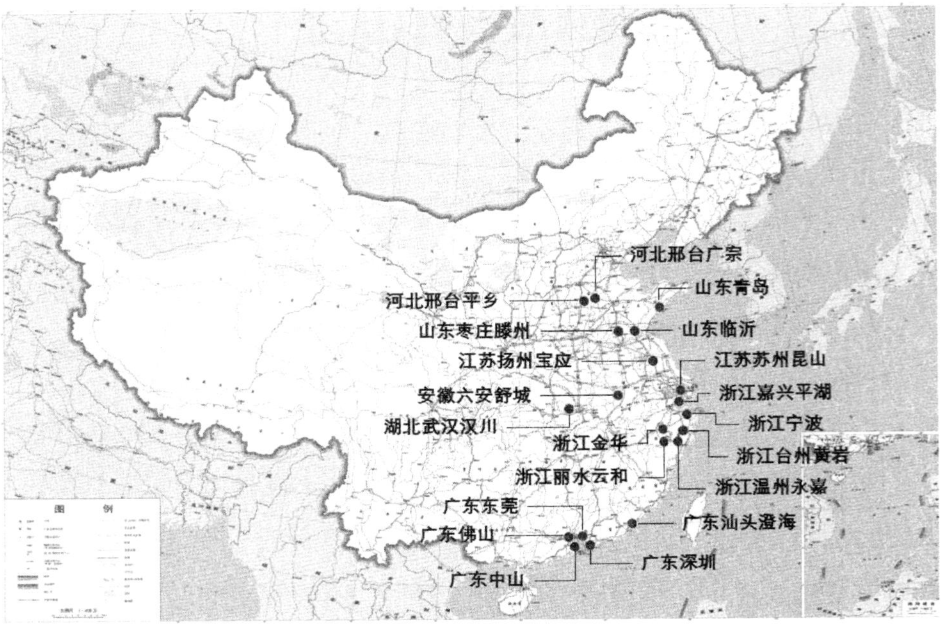

图 3－4　中国婴童产业的产区分布情况

从图 3－4 可以看出，这些产区依照由南向北的顺序，构成了“三大梯队”。第一梯队当属广东的产区（这里几乎集中了全部的上市玩具企业），第二梯队包括浙江、江苏的产区，第三梯队包括河北、山东、湖北、安徽的产区。从南向北，随着梯队实力的递减，品类的附加值也在逐渐降低。

➤ 婴童产区五要素

事实上，无论是婴童产业还是其他产业，要形成某类产品的产区，一般来说需要具备以下五种要素。

（1）先导企业的存在

一个先导企业出现之后，它周围会迅速聚集许多同类企业，而后如细胞分裂般地快速扩散；或者围绕这个先导企业的业务开展，而聚集一些支持性企业（这种情况相对较少）。

（2）廉价充足的劳动力

中国婴童产业发展初期，企业不需要考虑研发设计、市场渠道，能否营收取决于能否接到订单，营收多少则取决于工人数量和生产效率。从这个意义上讲，哪里有廉价的劳动力，哪里便会快速形成产区。向前追溯二三十年，中国的劳动力成本始终表现为优势地位。

（3）充足的原材料供应

一个地方能否成为产区，以及成为何种品类的产区，在很大程度上是依赖于原材料的分布情况。比如，湖北汉川的童车产区、浙江云和的木玩产区，都是因为靠近原材料供应地而发展起来的。

（4）相对宽松的政策

中国婴童产业刚刚起步时，各企业大多是选择代工的形式，当时各地富有竞争力的土地政策和税收政策，对于企业投资建厂是极具吸引力的。相对宽松的政策是中国各婴童产区形成的重要动力之一。

（5）便利的交通运输

中国婴童产区的产品，其辐射范围都不仅限于各自的腹地，还面向全国，甚至出口国际市场。所以，交通运输的便利条件是必不可少的。

在这五种要素中，先导企业的存在开辟了产区生存的空间，而廉价充足的劳动力为产区形成打下了基础，两者构成了产区形成的核心条件。其他三个要素则为产区形成发挥着不同程度的影响作用。

中国每一个婴童产区的形成，几乎都具备这五个要素。以平湖童车为例，在全国经销商的印象中，平湖童车早已成为“质优价廉、款式新颖”的代名词。而纵观平湖童车的诞生与发展，其成功应归于“产区集聚”的结果。

1981 年，浙江省平湖市诞生了第一家童车生产企业——“平湖市新庙童车厂”。在其带动下，童车生产企业陆续在平湖市诞生。2000 年，当地政府特别规划建设了“中国（平湖）童车工业城”；2001 年，平湖市童车行业协会成立。

自此，平湖童车业以“中国（平湖）童车工业城”为品牌，以“集团军”的阵容开始抢占国内市场。在发展过程中，平湖童车企业构建了一整套专业的以分工与合作为基础，产、供、销为线的合作配套体系，并齐集了产品研发、原料供应、配件生产、组装、包装、物流、出口等专业领域。

这一发展模式，又结合中国劳动力成本普遍较低，使得平湖童车企业在成本控制方面显现出明显的优势。而为了给童车企业创造良好的发展条件，当地政府还给予了诸多优惠政策以作支持。平湖由此逐步形成具有特色的区域产业经济模式，于 2016 年被授予“中国电动童车之都”荣誉称号。

➤ 存在的主要问题

值得注意的是，并非所有婴童产区都形成了良性的价值链模式和完备的配套建设。诸多产区内的企业暴露出相似的问题——普遍生产同类产品，创新力严重不足，恶性竞争频繁。从根源上讲，这是各产区内的企业协同意识不强和创新意识不足导致的。

（1）协同意识不强

各婴童产区内的不少企业只顾眼前利益和个体利益，过于依赖龙头企业的运营模式，其业务限定为：为龙头企业的业务提供支持，或贴牌生产，更有甚者直接复制龙头企业的产品。因而，这些企业虽然注册了自己的商标，但是却缺乏对企业长远发展的规划，企业之间多表现为恶性竞争关系，整个产区难以通过分工合作达到共同发展的目的。

（2）创新意识不足

虽然各个婴童产区都有自己的主打产品，但是产区内的企业往往少有思考创新，企业之间流于互相模仿。

以平湖童车产区为例，其款式品种为数不少，但是企业之间往往只是略微改动，因而多年来整个产区仍然停留在大众型款式上。尽管不少企业已经意识到了这个问题，但是大多数企业没能力或不想进行大的投入，去引进或培养高素质的新产品开发人才。所以，平湖童车虽然因规模而形成了一定的知名度，但是在产品的新颖度、创新度上却未能呈现出良好的产区竞争优势。

就目前中国婴童产业来看，各个企业通过集聚形成了多个知名产区，但是这些产区在治理上仍然存在很大的提升空间。如何有效地打造最佳的产区集群效应，将是中国婴童产业未来发展的方向和挑战。

2. 产业集群是方向

众多企业在某个区域“扎堆”的现象，就是“集聚”，这个区域称为“产业集聚区”，简称为“产区”。当产区内的企业形成某种共性和互补性时，就形成了“集群”。

在同一个区域有一群企业在生产环节进行了分工，我们称之为“供应链”；在同一个区域有一群企业在整条产业链进行了分工，我们称之为“价值链”；在同一个区域有若干条价值链的集聚，我们称之为“产业集群”。

针对产业集群，迈克尔·波特这样说道：“它给你一个杠杆，你吸引了一个企业，这个企业帮助你吸引了另一家企业，依此类推，三四家企业聚集在一起比只有一家企业的时候生产效率更高。当你投资于集群的发展，企业之间会实现互补和竞争，比一家企业单独运营的效率肯定好得多。”

那么，对于婴童产区来说，应该如何更好地打造或者优化产业集群呢？

良好的企业关系

在婴童产业中，诸如设计能力欠缺、生产工艺落后、销售渠道不畅，甚至无法获取高端零配件等都是极为常见的问题，这些问题可能对整个产业发展造成不利的影响。要想解决这些问题，在婴童企业之间建立良好的协同关系，是一种有效的方法。

通常而言，企业之间的关系可以分为两种：一是产业内的上下游，称之为纵向关系；二是从事相同业务的友商，称之为横向关系。

（1）纵向上下游合作关系治理

龙头企业通常会基于自身利益的考量，帮助价值链上的其他企业改善工艺水平，提升生产质量或绩效。因此，引入龙头企业成为建立产业集群的努力方向之一。但是，龙头企业本身是稀缺资源，大部分产区的龙头企业已经根深蒂固，计划搬迁至新产区的企业少之又少。而且，这些龙头企业虽然乐于分享工艺技术，但是对研发、销售环节往往不愿假手于人或外包出去。为了解决这个问题，就需要产区政府介入，去弥补产区价值链上关键环节的弱势。

2013 年年底，平乡县委、县政府成立了自行车研究院，与上海同济大学创意设计学院、天津自行车研究院培训中心、河北工业大学等展开合作，负责儿童自行车、玩具车的科研开发和技术指导工作。目前，该研究院已被确定为河北省自行车产业技术研究院。

显然，平乡产区政府非常清楚地认识到：龙头企业的主要作用是带动产业链的工艺升级，产区政府不宜强制要求龙头企业将核心技术转让，因而产区政府主动成立研究院来补足研发环节的软肋。

与平乡产区不同，生产木制玩具的云和产区认为，需要政府提供支持的环节是营销环节，于是当地政府规划建设了木玩文化主题公园。

在云和木玩文化主题公园中，童话故事、童话人物、童话名言、童话作家等内容通过童话场景构成“童话轴”，从功能上设置木玩卡通动物区、木玩智力体验区、木玩科普区、木玩拓展区、木玩创意区……木制玩具的魅力在主题公园中得到充分挖掘和释放，而云和木玩产区也实现了由卖产品、卖劳动力到卖儿童梦想的转型升级。

除了主题公园，云和产区还计划用三年时间打造一个集产业发展、空间拓展、人口聚集于一体的童话木玩小镇，使其最终成为一个具备产业、文化和旅游三重功能叠加的特色小镇。见图 3－5。

图 3－5　云和木玩文化主题公园

无论是龙头企业的引进，还是产区政府的支持建设，都属于纵向关系上的产业链治理。纵向关系主要表现为合作关系，产业链上各企业的普遍做法是共同研发、知识共享，这会对产业升级形成显著的正面影响。

（2）横向竞争关系治理

价值链上同一环节企业之间，虽然彼此间也有短暂的合作，但是博弈行为更为常见，也就是说，横向关系的主要特征是竞争。对于这种横向关系，更适宜采取第三方主导的形式进行治理。

某产区主要生产婴儿推车，其中一种原材料是钢材。在钢材采购上存在两个问题：一是由于钢铁企业体量巨大，而婴童企业体量小，由此导致采购价格偏高；二是为了适应钢材的规格，婴童企业不得不设计多种规格的零配件。

当地企业有意进行联合采购，这个思路很好，但是实施难度极大。一是，目前童车行业的标准化程度不足，很多零配件难以通用。而若想做好联合采购，必须确保研发设计上的标准一致。二是，操作流程、利益关系较为复杂。因为采购体系涉及方方面面的利益，如何选择供应商、如何确定付款方式等，都是非常关键的。这些难点使得联合采购的优势在实际操作中很难变成现实。

而生产木制玩具的云和产区，推行联合采购却比较顺利，这是因为当地政府的积极推动和促成，并在产品设计上追求标准化。第三方组织，除了政府之外，还有推动标准制定的行业协会等。在企业关系的治理中，企业可以有意识地借助第三方组织的力量来达到目的。

➤ 健全的创新体系

就婴童产区来说，创新体系治理是一项核心内容。而在创新体系中，创新政策和创新组织又是其中重要的两个方面。

（1）颁布创新政策

毫无疑问，诸如税收减免等政策措施，是对婴童企业最直接的扶持手段。但是，这种政策的缺点是精准度欠缺，对企业持久发展的支持也表现得相对乏力。而定向鼓励创新的政策，却可以帮助企业打造持久的竞争力。

云和县财政局每年都会安排 100 万元资金，专项用于“云和木制玩具创意设计大赛”；并鼓励开拓境外销售渠道，通过参加各类玩具展会，提升品牌知名度，每个专柜一次性给予补助 5 000 元。

东莞市政府于 2014—2016 年三年间，在“科技东莞”工程专项资金中每年划拨 2 亿元，用于推动“机器换人”。该项政策的出台，旨在鼓励企业通过利用先进的自动化生产设备进行技术改造升级，进一步减少企业生产用工总量，优化工艺技术流程，提高劳动生产率和产品优质率，提升企业发展的质量和水平。

此外，还可以在创新人才培养方面设计激励政策。这些创新政策都对推动婴童企业转型升级大有助益。

（2）建立创新机构

公共创新机构包括标准制定机构、专利保护机构、产品检测机构、人才培训机构、科学研究和成果转化机构等。这些创新机构虽然很难在短期内产出商业成果，但是为企业提供了创新的长期知识基础。

（3）标准制定机构

按照《中国制造 2025》规划的指示，中国婴童行业的国家标准要与欧美行业标准对接，在这个时候，标准制定机构的组成者、标准的制定者就显得非常重要。目前，政府鼓励企业、行业协会共同参与标准制定工作。而行业标准又是企业获得市场准入的重要基础。这就意味着：能够成为标准制定者的企业，将在婴童产业竞争中获得更有利的竞争地位。

2016 年上半年，宝应曹甸镇产区镇政府带领 10 多家教玩具企业两度进京，与中国玩具和婴童用品协会、国家标委会等有关单位讨论教玩具产业标准的相关事宜。目前，由曹甸镇教玩具协会倡导的游乐设施产品论证体系已经在国家有关部委启动，并得到了中国教玩具协会和教育部的认可。

可以说，标准之争直接决定了未来的市场格局。在不远的未来，在越来越高的行业标准影响下，中国婴童企业整体水平的大升级将成为一个必然趋势。

（4）专利保护机构

专利既是市场进攻的武器，也是自我保护的盾牌。

好孩子集团是一个重视专利的企业。好孩子向美国出口的产品，全部拥有专利，因而好孩子不但从未在贸易纠纷中遇到专利类的麻烦，而且还凭借专利技术在市场上取得了骄人的成绩。在国内市场上，因目前法律环境尚不完善，好孩子更多的是在呼吁专利保护机构提供有力的专利保护。

（5）产品检测机构

婴童产业在产品质检方面的突出问题在于：婴童产品的检验过程极其琐碎复杂，如果企业单独运作检测部门将耗费极高的成本；如果委托各地检验机构检验，又因各地机构对标准的理解不同而出现迥异的检验结果。因此，确保检测机构的权威性极为重要。目前，我们建议由产业协会来推进产品检验机构的建设工作。

（6）人才培训机构

在产业升级的过程中，“高技能工人不足”表现得极为突出。目前，如澄海等广东产区的员工流失率极高。而宁波、宝应、云和等浙江产区的员工偏大龄化、老龄化。这使得产业升级的助力明显不足。

为了解决这个问题，部分优秀的大企业开始直接和职高技校、高等院校对接，定向培养产业工人。但是，婴童产业的现状是众多企业规模偏小，在待遇和个人成长空间方面都难以吸引高素质人才。解决这一矛盾，对于婴童产业发展来说亦是一个极大的挑战。

（7）科学研究和成果转化机构

婴童产业的创新需要科学研究，诸如基础材料、基础工艺、核心部件，甚至核心技术的研究开发，都可以通过转化而成为企业的生产力。就目前来看，中国婴童产业接触新技术的渠道相对较少，在应用型转化上也表现乏力。因此，拓展婴童企业了解科学研究成果的渠道，助力科学研究实现量产，并在全行业得以普及，这是婴童产业即将面临的挑战。

Flexwarm 智能外套的一层厚膜上印有“金属浆”，接上电源可以产生热量，并且配有多个传感器，可以根据个人喜好自动调节温度，衣服由电池供电。得知这种技术后，广东智汇儿童用品有限公司着手在现有成熟产品上嵌入 Flexwarm 发热系统及传感器，给儿童产品赋予更好的温度体验。

需要注意的是，创新机构的建立是为了促进全社会创新资源的合理配置和高效利用，因而，必须确保创新机构之间相互协调和良性互动，让创新意志得以有效呈现，让各个产区真正产生集群效应，而非简单地集聚在一起。

第 4 节　市场牵引

管理大师彼得 · 德鲁克曾经说过：“企业的唯一目的就是创造顾客。顾客是企业生存和发展的基础，失去了顾客，企业就失去了生存的条件。”从这个意义上讲，企业的一切活动都必须以市场为牵引，对市场需求的变化做出快速反应，否则所做的一切都可能是无用功。

对于婴童产业，正是由于消费市场升级，导致婴童产业也必须升级。身在其中的婴童企业，只能是“适者生存”。生存法则早已不是“大鱼吃小鱼”，而是“快鱼吃慢鱼”。这里的“快”指的是谁对市场反应快，谁比对手适应快，谁的产品更新换代快。而要实现“快”，就少不了借助渠道获取消费市场的信息和消费者的一手反馈。

1. 渠道、信息与市场

销售渠道是企业对接市场消费者的通路。无论多好的产品，都必须借助良好的销售渠道才能呈现在消费者面前，最终形成市场销量、获得利润。

> 娃哈哈的称霸与它强大的销售渠道密不可分。在鼎盛时期，娃哈哈全国销售人员大概有 3 000 人，除此之外还有拓展队员 2 000 多人。这 5 000 多人被分成客户经理（上级为区域经理和省级经理）、商超经理和拓展经理。这个庞大的销售队伍能让娃哈哈的产品快速推到各级经销商，并把新品在短期内迅速铺向农村的每一家小超市，从而在竞争中取得领先优势。

➤ 常见的销售渠道

在婴童产业，常见的销售渠道有两大类六种。其中，线下渠道有四种，即农贸市场 / 集散地、超市、大型商场、直营店 / 专卖店；线上渠道有两种，即网上商城、网上朋友圈。我们先来分析一下这些渠道的典型特征，见表 3 - 2。

表 3 - 2　　六种销售渠道的典型特征

渠道	典型特征
农贸市场 / 集散地	这一渠道是部分中低端顾客购买婴童产品的场所，其选购的品类主要集中于儿童服装与玩具方面。这一渠道的典型特征是价格便宜，但是购物环境不佳，且产品质量上缺少保证。
超市	这一渠道是婴童产品的重要销售渠道，地理位置大多靠近居民区，因购物方便而成为中低端顾客的选择。这一渠道的典型特征是产品物美价廉，但档次普遍较低，消费者可选择的空间较小。
大型商场	在大型商场中，往往对不同楼层进行不同的功能设计，主要吸引的消费者属于中高端消费人群。相对而言，这一渠道的进入成本较高，但是利润也相对较为可观。
直营店 / 专卖店	直营店是指由总公司直接经营的连锁店。这种线下店铺都是企业为提高市场影响、确保市场占有率的一种销售模式，其优点是质量有保障，缺点是自建渠道大量占用资金。专卖店是销售单一品牌商品的店铺。其优点是产品质量有保障，一些品牌知名度高的企业或产品还可以选择连锁加盟形式，这在很大程度上不仅可以减少渠道资金用量，还能借助渠道产生一定利润。
网上商城	这一渠道主要通过互联网来展示婴童产品，接受顾客订单，并为顾客提供送货上门等服务，达到销售的目的。选择这一渠道可降低店面租金成本，解决了婴童产品店因为场地小而货品不全的问题，性价比高；但也存在不足之处，即缺乏面对面的购物体验，用户黏性欠佳。
网上朋友圈	这里指的不是通过朋友圈直接售卖产品，而是以众筹的方式开发产品、预订产品、销售产品。这种销售渠道下，消费者较少，但消费者重度参与产品研发，大大降低了研发失败风险。目前，这种销售渠道尚处于培育期。

下面我们以某婴童企业（该婴童企业主营业务为生产玩具车，故材料成本较高）选择三种销售渠道后的成本结构为例，来了解一下不同销售渠道对于企业的影响（见图 3 - 6）。

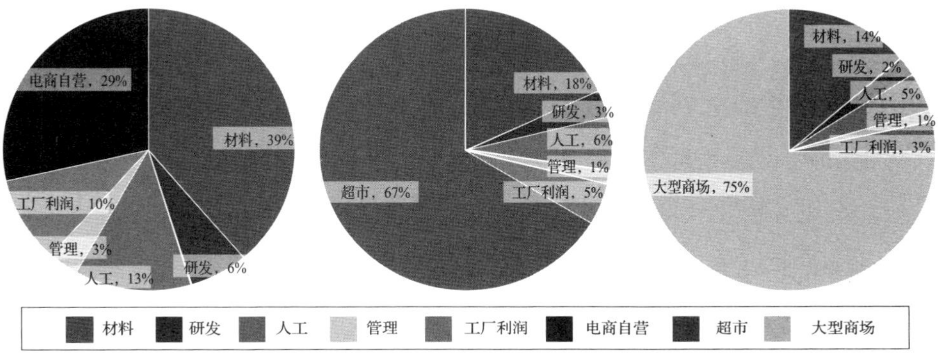

图 3 - 6　某婴童企业不同销售渠道的成本结构

从图 3 - 6 中可以清楚地看到，该婴童企业在电商自营渠道中，渠道费用为 29%，利润为 10%；在超市渠道中，渠道费用为 67%，利润为 5%；在大型商场渠道中，渠道费用为 75%，利润为 3%。

上述 6 种常见的销售渠道，各有其优势和劣势。每个婴童企业可以根据自身的实际需要，来作出最恰当的选择。值得注意的是，在婴童产业发展的不同阶段，每种渠道的市场规模和人们对各种渠道的重视程度也在不断变化。

如图 3 - 7 所示，以婴儿推车为例，传统农贸市场 / 集散地这类批发渠道所占的市场比重在逐年降低，这是消费升级最直接的体现；而超市、百货、专卖店这三种销售渠道，因所售产品具有更好的质量保障、获得更多消费者的青睐，而被越来越多的婴童企业所选择，所以近年来这些销售渠道的规模也在逐年扩大。

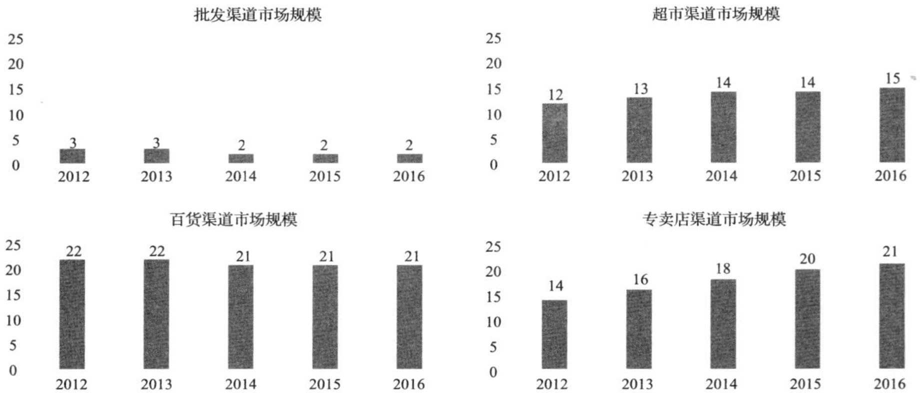

（数据来源：中国玩具和婴童用品协会。）

图 3 - 7　四种销售渠道市场规模的变化

至于线上与线下渠道所占比重的对比，如图 3 - 8 所示。

我们仍然以婴儿推车为例，线上销量正在逐年递增。如果将线上产品与线下产品相比较，两者在质量和价格上并没有表现出太大的差距。这说明：

质量与价格并非产品竞争的全部，竞争是多方位、多角度的，甚至企业在不同渠道对市场需求的把握程度也是不同的。

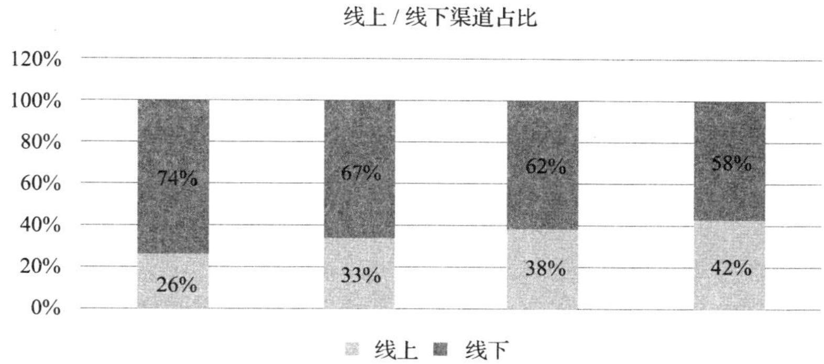

（数据来源：中国玩具和婴童用品协会。）

图 3－8　线上与线下渠道所占比重的对比

➤ 消费信息的传递

把产品送达消费者，方便消费者购买，是销售渠道的一个重要作用。销售渠道的另外一个作用就是快速、全面、准确地为企业传递消费信息，帮助企业把握市场需求，并对市场快速做出反应。

（1）信息孤岛与信息互联

企业与消费者之间的信息传递存在两种状态：信息孤岛、信息互联。

第一种状态是信息孤岛。在农贸市场 / 集散地、超市、大型商场这三种销售渠道中，消费信息无法快速、准确地传递给企业，因而企业对市场当下发生的变化常常茫然无知或者后知后觉。

在农贸市场 / 集散地，最能有效获取的市场信息是销售定价的适宜性，比如设定在哪个价位有助于销售或不利于销售；其次是畅销产品或滞销产品的类型，但畅销或滞销的原因则不在反馈范围之内。很显然，这样的信息传递模式是单向且扭曲的，企业无法在获得这样的信息之后全面了解消费市场，更无法精准把握消费趋势。

超市与大型商场这两种销售渠道，消费信息传递的表现略好。除了畅销信息、滞销信息以外，渠道机构为了降低库存，还会传递销售预测信息，这在一定程度上会对企业的产量产生一定的影响。此外，超市与大型商场这两种销售渠道还会传递部分产品质量要求方面的相关信息。虽然这是基于对渠道的信誉、档次等考量，但是在一定程度上也倒逼企业进行产品升级。

不过，我们在市场调查中发现“缺货与库存并存”“消费者频繁质量投诉”等不良现象仍然经常发生，这说明超市和大型商场目前的预测能力比较有限，企业与消费者之间的信息传递路径并不足够畅通。

第二种状态是信息互联。相对而言，直营店 / 专卖店、网上商城和网上朋友圈这三种销售渠道，企业实现了与消费者的直接沟通。企业可以获得最真实、最准确的信息，据此了解并判断消费者的深层需求和最新的市场趋势，进而对市场变化做出及时的反应。见图 3－9。

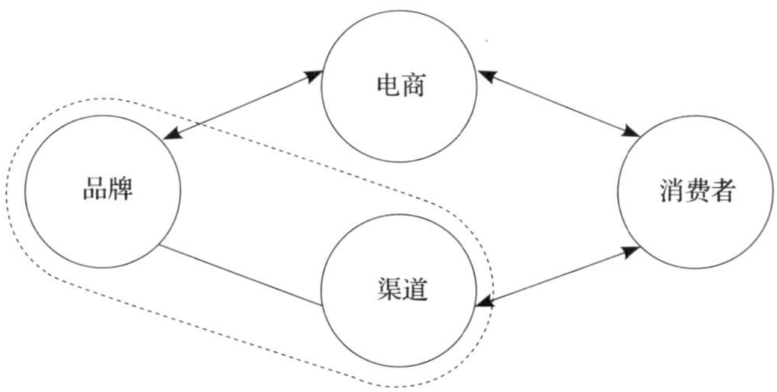

图 3－9　品牌、渠道、电商与消费者之间的信息互联

（2）不同渠道信息反馈差异

对于婴童产业，六种常见的销售渠道信息反馈的质量和素质方面都存在一定的差异。它们之间的比较和分析，如表 3－3 所示。

表 3－3　　六种常见销售渠道的信息反馈特点

渠道	信息获得方式	信息深度	信息类型	是否闭环	有效利用率	市场滞后性
农贸市场 / 集散地	间接	低级	外观、功能、性价比	否	低	滞后
超市	间接	低级	性价比	否	低	滞后
大型商场	间接和直接	中级	可量化的销售数据	可能会	中	不够及时
直营店 / 专卖店	直接	高级	消费者深层次需求	是	高	及时
网上商城	直接	高级	消费者深层次需求	是	高	及时
网上朋友圈	直接	高级	消费者深层次需求	是	高	及时

从表 3－3 可以发现，六种销售渠道的信息传递模式主要表现为：从单向到双向，由封闭到开放，由此造成的市场反应也由滞后到及时。

事实上，新时代下的企业竞争，对渠道的竞争，对信息的竞争，越来越重要。企业必须通过销售渠道快速准确地获得信息，并作出有效反应。进一步说，唯有那些不断进化、更加适应当前产业环境和市场需求的企业，才能更好地生存和发展下去。而对于婴童企业来说，企业对消费者的了解程度（细微至育儿理念的转变）、对消费者需求的响应速度等方面的表现，直接决定了它们未来在婴童企业群体中所处的位置。

2. 始终以市场为牵引

在目前的供过于求的时代，一定是需求决定供给。对于婴童企业，必须以市场、以消费者需求为牵引，来合理安排企业的研发、生产、经营等活动。以变形金刚系列玩具为例，原本擎天柱已死，但在“粉丝”的强烈要求下，孩之宝公司不得不让擎天柱复活。这一方面体现出孩之宝对消费者的重视，另一方面也体现出消费者对企业发展的牵引作用。

不同消费模式

要以市场为牵引，就必须先了解不同消费者的不同消费特征和模式。事实上，其对企业的要求也是截然不同的。

（1）为价格或归属感而消费

无论是普通消费者还是“粉丝”，都越来越愿意加入关于产品的社群。但是，普通消费者加入社群，其目的往往是为了通过团购而获得低价或相关福利；“粉丝”加入社群，则往往是为了满足归属感和获得身份认同感。通过在社群内部的信息交流，消费者对社群的依赖感会不断增大，部分普通消费者可能在此过程中形成“粉丝”情感，而后“粉丝”消费者们会持续消费产品。

通过对威锋论坛中苹果“粉丝”的研究可以发现，消费者作出消费决策与社群内关系网络存在着一定关联性，线上与线下的社群活动大大满足了“粉丝”的归属感，巩固强化了“粉丝”之间的关系网络，对后续的“粉丝”情感消费也产生了积极影响。

（2）为喜爱、收藏而消费

普通消费者为了使用而购买，关注的是产品功能和价格等。而“粉丝”在产品上投注了喜欢之情，感情的存在使得“粉丝”消费具有了不同于普通消费者的特征。“粉丝”除了自觉维护产品声誉之外，往往在购买时不计价格，甚至会将产品用于收藏。

“玩具收藏热”是近几年才在国内风靡起来的，喜欢收藏的“粉丝”主要是20世纪70年代、80年代出生的人群，他们目前已经成为社会主要消费群体。他们借助收藏玩具来回忆童年，品味游戏的诱惑。收藏市场里玩具价格早已翻倍，而且因收藏之好，“粉丝”们乐于为之买单。

更疯狂的玩具收藏，当属开设玩具博物馆。世界上第一座儿童博物馆——布鲁克林儿童博物馆、世界上最大的儿童博物馆——美国印第安纳波利斯儿童博物馆，中国第一家儿童博物馆——位于广州珠江新城的第二少年宫，这些博物馆完全是玩具“粉丝”消费者们的天堂。

从“粉丝”消费者们的购买欲望与“疯狂购买行为”来看，每一个“粉丝”都应当被视为企业的上帝。需要注意的是，“路人”转“粉丝”的转变速度往往很快，“粉丝”转“黑丝”的速度同样很快，且对企业的杀伤力惊人，所以后者是企业必须竭力避免的现象。

➤“粉丝”经济模式

在日新月异的互联网环境下，“粉丝”越来越成为消费潮流和创意风向的主导。目前，婴童用品和玩具构建“粉丝”模式基本上都是围绕 IP 展开的。比如，国外成功的案例有鼎鼎大名的变形金刚、芭比娃娃等；而国内成功的案例则有喜羊羊、灰太狼等。婴童企业要有意识地打造“粉丝”经济模式。

（1）培养优质 IP 或产品

IP 可以是动画片，也可以是一个优质的形象。良好的 IP 具有不输于真实世界大明星的吸粉效应。IP 本身是需要不断更新的，比如 20 世纪 70 年代生人曾经熟悉的蓝精灵、丁丁历险记等，因数十年不再更新内容，故而“吸粉”效应已经极低。但是，变形金刚、米老鼠、唐老鸭等形象，则不断以各种形式推陈出新，因此仍然具有极其强大的“吸粉”能力。

如果没有优质的 IP 资源，那么一款优质的产品也是一个不错的选择。比如，小米手机虽然没有 IP，但是它抓住了一群低收入人群的心，不断地更新产品，而每一次更新产品都非常重视“米粉”的参与，从而给众多“米粉”以感情上的慰藉。从理论上讲，这一点也可以应用于非 IP 的婴童用品行业，期待有一天能够看到纸尿裤“粉丝”、婴儿推车“粉丝”的出现。

（2）管理“粉丝”

对于“粉丝”，企业也必须要善于管理。我们可以借鉴娱乐明星的“粉丝”管理方法。职业“粉丝”分为三大类型：蓝领“粉丝”、白领“粉丝”、金领“粉丝”。蓝领“粉丝”干体力活儿，在各种活动现场穿统一的制服为偶像摇旗呐喊，以吸引更多的“粉丝”。其市场行情为：举照片 20 元，嗓子嘶哑 60 元，泪流满面 100 元，跟着汽车跑 200 元，昏倒一次 500 元，等等。白领“粉丝”干脑力活儿，主力是“粉丝”写手，多数为在校大学生，他们利用在各大网站、论坛、微博、朋友圈发帖或向娱乐媒体投稿等方式，制造话题，吹捧自己的明星，同时负责帮助“粉丝”团在争斗中提供素材。金领“粉丝”则负责整体运作，策划各种活动。

（3）完善产业链

企业可以针对 IP 形象开发各种周边产品，完善“粉丝”产业链。比如，《赛尔号》是由上海淘米网络科技有限公司开发运营的中国儿童科幻的社区养成类网页游戏，于 2009 年 6 月 12 日在中国大陆发行；2011 年，该作品被改编成电影；2012 年，该作品被改编成同名动画；2015 年至 2016 年，《赛尔号：精灵大作战》《赛尔号超级英雄》等手游陆续上线。

值得注意的是，婴童 IP 的开发必须具有针对性，比如，IP 适合哪些儿童群体——性别、年龄段、地域，而且 IP 周边的开发节奏与 IP 推广的节奏也应匹配，这些问题都需要予以关注。

中国的婴童用品和玩具企业必须重视消费者，只有在消费者的认真反馈和深度参与过程中，婴童企业才能真正认清转型升级的方向。

核心观点

➢ 对于中国婴童产业，一方面生产要素成本优势正在消失，致使“成本下不来”；另一方面，产品大量同质化引发价格战，致使“收益上不去”。因此，这类婴童企业的利润空间变得越来越小。

➢ 中国婴童产业已经陷入同质低价的困局，差异化是破局的必然选择，而打造 IP 是差异化的重要路径。

➢ 中国婴童产业整体上长期处于价值链低附加值的生产环节，利润空间狭小。在制造中心转移和消费升级的大背景下，婴童产业和企业必须进行价值链升级。

➢ 中国婴童产业已经形成了自己的产区，形成了规模效应。但在产区内，往往是生产同类产品，竞争大于合作。

➢ 婴童产区内的企业之间只有加强协同和创新，才能向更健康的产业集群方向发展。

➢ 婴童企业转型必须以市场为牵引，选择适合自己的销售渠道，并对销售渠道传递的信息快速做出反应，进而安排企业的相关活动。

➢ 婴童企业的产品研发需要注重消费者特别是“粉丝”的参与和反馈，只有从市场需求出发，而不是从企业主观想象出发，产品才更有可能被消费者所喜欢。

第 4 章 科学经营

前面我们分析到，婴童产业即将迎来一个新的繁荣周期，它的发展前景无疑是美好的。但是，现实中我们也发现，同样是婴童行业，有的企业赚得盆满钵满，有的企业勉强维持生存，甚至有的企业已经处在破产倒闭的边缘。这种情况在其他行业也非常常见，所谓“有同行，无同例”。

所以，产业环境好固然重要，企业自我的科学经营也尤其重要。对于婴童企业来说，科学经营首先源于对需求的洞察和满足，其次是找准进入的时机，然后做好体验和口碑，最后是构建壁垒和防火墙。唯有如此，才有可能成为同行中的佼佼者。

深度思考

如何有效地洞察和满足消费者的需求?

企业如何选准进入婴童行业的时机?

口碑之于婴童企业具有怎样的影响力?

产业壁垒对于婴童企业意味着什么?

第 1 节　需求分析

从宏观上讲，婴童产业大的环境向好，市场需求强劲，并且这个大趋势在未来较长时期内不会改变。这对婴童企业来说，意味着未来会有很多的商业机会，但是趋势不会自动转换为企业的机会，只有一个个具体的需求才是企业可以抓的机会。因此，婴童企业必须首先做好需求分析，找到机会点，以开放的思维去满足甚至引领需求。

1. 深刻地洞察需求

婴童行业由于育儿观念驱动的行业特性，导致消费者需求的多样化、分散化、个性化。从经营盈利的角度来说，婴童企业很难对所有具体的、个性化的需求予以工业化满足，因为难以实现批量生产，不能达到规模效应。所以，婴童企业的第一步就是必须明确需求的定义，并对特定需求的价值具有清晰的判断。

➤ 什么是需求

“定义”婴童产品消费者的需求是非常重要的。我们说的“定义”，是指对婴童产品消费者的需求进行识别，对消费者购买婴童产品的欲望、用途、功能、款式等方面内容进行准确的描述。

这个定义过程是按照归纳方式进行的，其结论应当成为企业最终能够针对性地满足消费者需求的依据。比如，消费者对婴幼儿服装有很多要求，如安全、排汗、防寒保暖等，实际上这些要求便是对不同消费者的同类需求加以分析归纳后得出的结论。

➢ 需求的价值

判断一个需求的价值，我们一般可以从三个方面去进行——消费频次、是否刚需、是否存在壁垒。一般而言，消费频次越高越是刚需，越是容易构建壁垒，那么，这个需求就越有价值。

高频次需求，是指消费者需要频繁使用某种产品，通常在很长一段时间内都需要购买此类产品。比如，奶粉、纸尿裤便属于比较典型的高频次需求的产品。这类产品的市场一般不会枯竭，而且因容量极大，企业规模也容易做大。相反，童车产品的需求频次则相对较低，消费者购买一次后通常不会再重复购买同一种类的童车，因而童车企业通常很难发展出特别大的规模。

刚性需求，是指在商品供求关系中受价格影响较小的需求，即无论价格变动如何，消费者都需要购买的需求。举例来说，奶粉就属于刚需产品，如果某婴幼儿不能或不便实现母乳喂养，那么奶粉便属于他的刚性需求。相反，玩具通常被归为非刚性需求范畴，因而在市场规模上存在一定局限。

壁垒性需求，是指消费者的产品需求必须借助一定水平的技术才能实现。比如，婴幼儿汽车安全座椅便属于高技术壁垒属性的需求，而婴幼儿湿巾则属于低技术壁垒属性的需求。

在观念经济的婴童产业里，需求是多样的。当企业关注到有同一需求的消费者已经形成一个群体时，需求集中点便确定了。当然，在定义需求集中点时，企业需要通过与消费者进行长期互动，逐步发掘消费者购买婴童产品的欲望以及用途、功能、款式等方面要求，最终将消费者的具体需求以准确的方式描述出来。之后，再考虑如何满足需求的问题。

我们应当从产品、服务等多个方面，充分研究需求的满足方式。在经营活动中，需求满足的方式代表着产品的创新、服务的创新，或者是对需求本身的重新定义，这个过程同样是需要进行归纳的过程。

2. 有效地满足需求

对于企业来说，满足需求可以视为一个将需求转化为产品的过程。在具体实践上，根据消费者需求满足的难易程度，可以采取直接满足需求，或者拆分合并需求概念后再进行需求满足的方式。当然，在满足需求的过程中必须考虑成本控制合理性的问题。

➤ 模式可操作

一般而言，企业对消费者需求的态度是：直接以简单具体的新方法来满足。对于消费者的明确且可以满足的需求，可以为其研发对应的产品或服务，直接加以满足。

比如，一些消费者表示“给新生儿洗澡总是需要两个人，一个人负责用手托住宝宝，另一个人负责为宝宝洗澡，每次洗澡都是非常耗费人力的”。于是出现了一种带有托架和托网的浴盆，由一位家长即可为宝宝完成洗澡动作。这便是以非常直接的方法解决了消费者的难题，满足了需求。

此外，也可以拆分或合并消费者需求概念后，再设计需求满足的方式。如果我们无法直接满足消费者需求，则可以考虑这种方法。拆分需求是指专注于满足消费者的一部分需求，而合并消费者需求是将多种不同的需求加以归类，并以一种综合性的需求满足方式予以呈现。

比如，消费者需要为宝宝在不同成长阶段提供多种玩具，那么我们可以为消费者提供“大礼包”式玩具组合，为消费者节省挑选的时间；消费者需要为宝宝进行按摩、抚触，我们除了可以为消费者提供按摩抚触用的按摩油类产品外，还可以为其提供按摩抚触服务或指导性服务。这便属于合并需求后设计的综合性需求满足方法。

➤ 成本要合理

企业在绞尽脑汁满足消费者需求的同时，也要考虑成本的合理性。这是企业盈利的基础。一般而言，企业可以考虑从价值工程的角度，去革新产品设计，确保合理的成本。常用的手法有：材料替换、零件归一化。

近年来，广东星辉车模公司不断通过精益管理来进行内部改革，实现成本控制。最值得称道的一点是，星辉采用材料替换、零件归一化等方法，调整车模设计，以极低的成本满足了消费者对仿真车模的基本需求。

材料替换。为了降低仿真车模的成本，星辉自主生产塑粉，将原本由合金制作的部件改为注塑部件。过去，高端车模的售价大约为五六百元，通过这种材料的替换，车模的成本被大大降低，售价也因此降至一百多元。

零件归一化。螺丝是车模上的主要部件，部件开模数量越多，其部件成本越高；而且拧螺丝也影响着车模组装工序时长，螺丝多意味着工作时间长，人工耗费多。星辉采取零件归一化之后，目前将螺丝种类从 30 种变为 6 种，这使得公司的人工和材料成本都大大降低。

从本质上来说，星辉降低产品成本，不仅是从企业经营的角度去考虑，更是从满足消费者需求的角度去考虑，即消费者既需要某个产品及功能，同时也非常在意产品的性价比。这是值得其他企业借鉴与学习的一点。

3. 大胆地引领需求

如果仅仅面向消费者当下需求去满足，那么企业永远是跟在需求的后面疲于奔命，缺乏主导性。但是，如果借助某种价值观念（如新鲜的认识或先进的理念等），对消费者的当下需求进行转换，或对消费者的潜在需求进行发掘，由此形成新的需求，这便是“需求引领”。一般而言，需求引领可以采取以下三种模式。

➤ 提高购买频次

婴童企业可以通过某些方式来提高某种产品的购买频次，比如通过市场细分的形式。

> 以婴儿推车为例，最早期的婴儿推车仅仅聚焦于坐卧功能。随着时代变化，消费者的需求发生了极大的变化。一些家长抱怨道：“孩子坐或躺在推车里视野小且颠簸，坐卧位置也不利于呼吸新鲜空气。”一些家长提出期望：“如果推车可以更轻盈，我就可以带着孩子一起去旅行，增长见识了！”还有一些妈妈在畅想：“为什么我不能在产后一边带孩子，一边去运动健身呢？”

之后，婴儿推车的功能属性被日益细分，从最初的“能推即可”，延伸出各种分场合、分功能、分轻重、分季节的多种婴儿推车。比如，便于孩子远望又抗震的“高景观车”，外出旅行时轻便又可折叠的“伞车”，可带孩子一起跑步的“婴儿跑步车”，冬季推车和夏季推车……于是，我们如今经常看到：一个家庭竟然会购买多款婴儿推车。

从非刚需到刚需

这方面最典型的例子就是将普通的玩具变成辅助教具。

比如，百变魔尺又叫“鲁比克蛇”（如图 4－1 所示），是一种可以随意变化、自由组合的玩具。而目前，部分学校将这种玩具应用到教学过程中，因而这种智力玩具被作为一种教具在使用。又比如，插座圆柱体、粉红塔、棕色梯、长棒等木块，在蒙台梭利教育法指导下，转变为提升孩子感官体验、掌握不易理解的知识的教具。通过这样的属性转换，非刚需变成了刚需。新的婴童产品市场就这样诞生了。

图 4－1　百变魔尺

技术不断升级

一般而言，随着市场竞争越来越激烈，企业用于产品或服务的技术也会越来越高。对于婴童企业而言，技术能力越强，其满足消费者需求的能力也就越强。对于消费者来说，产品的技术换代会使之认识到自己可以有更深层次的需求，并以此为起始点，逐步延伸出更多的需求。

以奶粉为例，中国婴幼儿配方奶粉的研制生产是从 20 世纪 70 年代开始的，其配方技术在不断升级换代，目前大致可以分为四个阶段。第一代婴儿配方奶粉以牛乳为基础，着重于“能量”，主要是在牛乳或炼乳中加入谷粉、豆浆、白砂糖等，以增加能量。第二代婴儿配方奶粉提出了母乳化的概念，着重于“宏量营养素”。第三代婴儿配方奶粉开始着重于“微量营养素”，调整了牛乳中的蛋白质，增加 α-乳清蛋白含量、DHA、ARA 等，使各种成分更接近母乳。第四代婴儿奶粉成分的种类和数量越来越合理，按照营养需要的差异，婴幼儿配方奶粉又分成三个年龄段，即 0 ～ 6 个月、6 ～ 12 个月、12 ～ 36 个月。

伴随着每一代奶粉配方技术的升级，消费者对产品的认识越来越深刻，需求层次也随之越来越高。而从企业的角度来说，其自身所掌握的技术水平越高端，那么其能满足的需求越有针对性，越有能力引领新的需求，消费者自然也会对其产品更满意。

第 2 节　进入时机

婴童企业找准意欲满足的市场需求之后，接下来就是如何选择进入时机的问题了。一般而言，婴童企业可以从三个方面进行考量：一是该产品进入的市场是集中还是分散；二是该产品处在产品生命周期的什么阶段；三是该产品能否为企业带来预期的收益。

1. 集中还是分散

行业集中度是指该行业的相关市场内前 N 家最大的企业所占市场份额（如产值、产量、销售额、销售量、职工人数等）的总和，它体现了市场的垄断程度。行业集中意味着，在这个行业领域内，市场被一个或几个大企业所垄断，这对新进入企业来说是极大的压力，发展空间相对较小。行业分散则意味着，在这个行业领域内有很多企业竞争，并且没有那一家或那几家具有垄断地位，这对新进入企业来说虽然有竞争，但是仍然有很大的机会。

➤ 观念文化是否统一

对于婴童产业，观念文化趋同会使得行业话语权集中于少数大企业。在欧美、日本，人们的价值观趋同，这直接导致了玩具行业中有五大顶级企业，分别是美泰、孩之宝、乐高、多美、万代。2016 年，这五家企业占据了美国市场的 50.2%，日本市场的 48.3%。在产品品类非常繁杂的玩具行业中，这绝对可以算得上“集中度较高”。

以美国市场为例，孩之宝围绕汽车、英雄崇拜两大要素，设计了变形金刚（见图 4－2）等产品，并授权漫威漫画公司制作变形金刚的官方漫画，然后又改编为动画、电影等，把故事讲给孩子们听。

而美泰以中产阶级的生活方式为观念文化先导，设计了明星产品——芭比娃娃。公司的口号是：“芭比娃娃不单单是一种玩具，而且是一种时尚，一种生活方式。”目前，芭比品牌已经扩张到 30 种不同的产品，有芭比牌的枕头、芭比牌被子、芭比墙纸等。

图 4－2　变形金刚

当英雄、玩汽车、过中产阶段的生活，这几乎是所有美国人共同的梦想。梦想如此一致，市场也随之高度集中。

但是，这些产品在中国市场并不卖座，2016 年五大玩具公司在中国的市场份额仅为 7.6%。这是因为中国的观念文化相对多元。有的人崇拜英雄拯救世界，但也有的人则希望孩子平平安安过一生。多元且迥异的育儿观念，造就了中国独特的“长尾市场”，小小一个产业，数以万计的企业得以存活。

长尾市场也称为“利基市场”，谐音“Niche”，有拾遗补缺或见缝插针之意。菲利普·科特勒在《营销管理》中认为：利基是更窄地确定某些群体，这是一个小市场并且它的需要没有被服务好，或者说“有获取利益的基础”。

传统的“721 法则”或“二八法则”告诉我们，若公司 80% 的利润来自 20% 的客户，就该努力让那 20% 的客户（主流人群）乐意扩展与它的合作。

但是，在观念经济中，对市场格局起决定作用的要素是人们的态度与评价。人与人观念的不同使得企业不能只考虑图 4－3 中的浅色区域，因为深色区域的长尾市场中孕育着细分市场的新机遇。少数群体也可能意味着与“主流市场”相媲美的利润空间。

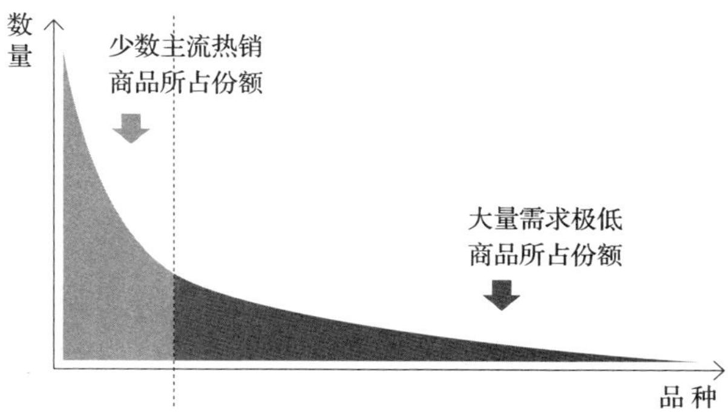

图 4－3　长尾市场中数量和品种的关系

实际上，在婴童经济中，我们很难说哪个是“主流”，哪个又是“非主流”，而这也正是相对弱小的中国玩具企业的机会所在。据《中国玩具和婴童用品行业发展报告》数据显示：截至 2015 年 6 月，我国玩具和婴童用品生产企业总数为 10 636 家。现实中，这一数字还要更多，而且绝大多数是中小企业。这么多企业能够存活下来，与我国婴童行业分散不无关系。

➤ 产品技术含量高低

从产品技术含量的角度来说，技术含量高的产品市场，由于进入难度大，更容易形成个别企业的垄断，出现集中度较高的市场。

以好孩子的婴幼儿安全座椅为例，这种产品设计本身存在很多安全指标要求，企业开发这类产品便很容易在行业内形成集中度。好孩子恰恰是以此形成了其他企业无法比拟的优势，早在 1993 年好孩子便成为国内行业内的销售冠军，甚至在专利申请、创新研发、标准制定等方面一路领先，甚至跑到国际市场上攻城略地。而且，在各线城市的消费者调研中，人们对好孩子的品牌认知度和未来购买意愿都高于其他品牌，知名度高达 95.7%。图 4－4 为受访者对儿童安全座椅品牌认知度的排名。

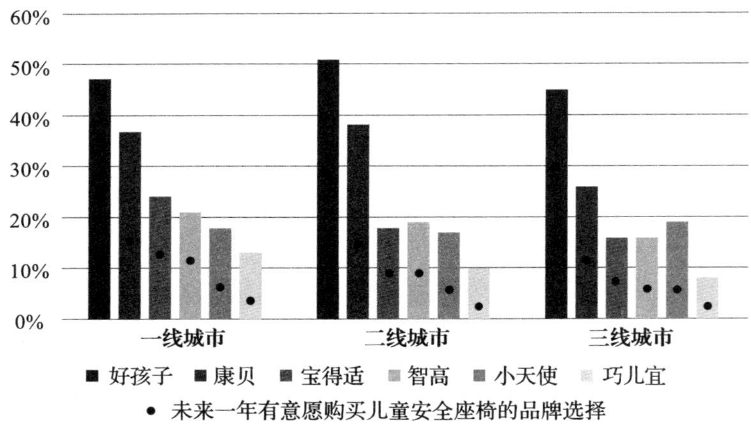

图 4－4　受访者对儿童安全座椅品牌认知度的排名①

① 根据《中国婴童用品和玩具市场调查报告》绘制，调研时间为 2015 年；数据来源：GFK 消费者调查。

而玩具类产品则大多数具有“分散”属性，科技含量高的玩具除外。以积木类玩具为例，除了乐高以智力玩具和品牌概念打出市场外，做积木玩具的企业数量极多，消费者的可选择空间极大。这并不是因为企业本身不想打造行业集中度，而是因产品生产相对容易，量化指标要求少，企业的可进入门槛低。

对于新进入企业来说，既可以考虑集中属性的产品，只要规划得当、长线操作，有可能升级为行业龙头企业；也可以考虑分散属性的产品，因为进入门槛低，容易实现短期快速盈利。

2. 产品生命周期

一种产品进入市场后，它的销售量和利润率会随着时间的推移而改变，呈现出一个由少到多再由多到少的过程，就如同人的生命一样，由诞生、成长到成熟，最终走向衰亡，这便是产品生命周期。

产品生命周期一般分为四个阶段：导入期、成长期、成熟期、衰退期，各个阶段销售量和利润率的变化如图 4－5 所示。

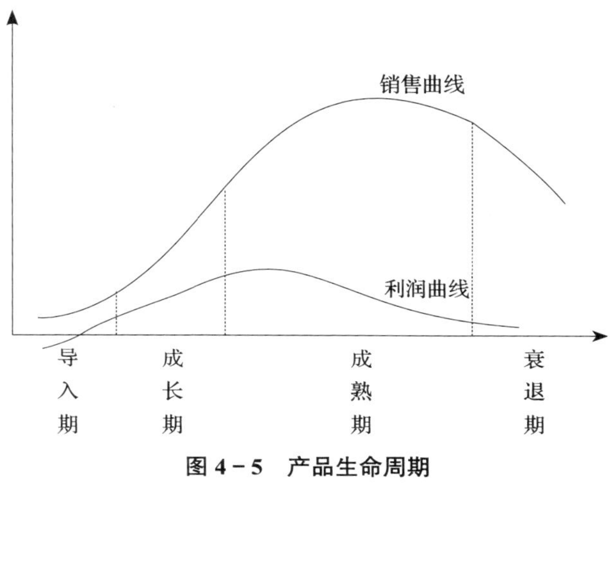

图 4－5　产品生命周期

当一个企业决定是否选择某类产品进入婴童产业时，必须确认这类产品当下处于产品生命周期的哪个阶段，是否最适宜的切入阶段。

➤ 适宜进入阶段

一般来说，如果产品处于导入期、成长期或成熟期，那么，企业可以考虑以该产品为切入点进入市场。

导入期。新产品投入市场后，便进入了导入期。此时，产品必须满足消费者的新需求，否则该产品在市场上很可能遭遇滑铁卢。因而，企业可以考虑在这个产品阶段准确获取消费者反馈结果，而后再理性分析和预测“是否适宜在这个产品阶段切入市场”。

乐悠游儿童游乐（深圳）股份有限公司（以下简称乐悠游）于2012年进入儿童游乐市场。在对儿童游乐设施市场的客户需求做出准确判断之后，乐悠游果断地选择在儿童游乐设施刚刚兴起的阶段——导入期进入市场。导入期的准确判断和预测，使乐悠游收获了今日的成绩：如今的乐悠游已经从最初的3家门店，迅速发展至237家分店，已从深圳拓展到全国各地，门店面积则从300平方米～20 000平方米不等。就其综合实力和行业影响力而言，取得了全国排名第4、广东省排名第1的佳绩。

成长期。在这个阶段，产品已经得到部分消费者认可，在市场上表现出强劲的成长势头，需求量急剧增长。如果在成长期进入市场，无疑是最具潜力的，而且收获最有保障。

婴幼儿安全座椅是典型的成长期产品。目前，安全座椅的安全保障性能已经被很多消费者认可，而儿童安全座椅立法也将是大势所趋，故而安全座椅产品将成为有车家庭的一种必需品。目前来看，企业进入这一产品市场，尚有一定的发展空间。

成熟期。在这个阶段，市场需求趋向饱和，顾客量基本稳定，销售额增长缓慢直至转而下降。在成熟期，产品市场竞争日益加剧，产品售价降低，促销费用增加，企业利润下降。

奶粉产品属于成熟期产品，其市场销量大体稳定，而且消费者在购买时通常会限定在品牌排行榜范围内选择，如爱他美、雀巢、雅培、美赞臣、喜宝、飞鹤、合生元、美素佳儿、启赋、诺优能等。而其他新出现的品牌，很难进入消费者的备选项，除非企业愿意投入大量预算去开拓市场。

➤ 不宜进入阶段

伴随着科学技术的发展，新产品或新的替代品出现，消费者的消费习惯开始发生改变，转向其他产品，这使得原来产品的销售量和利润率迅速下降。这就意味着原产品进入了产品衰退期。此时，我们不建议企业进入原产品市场。

在衰退期，部分产品可能是完全退出市场的产品，如婴儿学步车，按照消费者目前对该类产品的评价，企业进入学步车市场之后很可能是有去无回；还有一部分产品属于被换代的产品，比如第二代产品正在被第三代产品换代，企业便不宜再进入第二代产品的技术开发领域了。

3. 切入产品定位

选定要切入的产品后，企业还需对产品特色与产品等级进行设定。这将决定企业未来经营行为的偏向性，直接影响着企业经营投入的聚焦点，并最终决定企业在产业中所处的位置。

➤ 产品特色定位

没有卖点的产品是无人问津的，而卖点则来自对产品特色的定位。也就是说，企业必须从产品特色之处切入，确保所提供的婴童产品能够让消费者印象深刻。在实践中，企业可以有两种选择：大众化与个性化。

（1）大众化

在实践中，一些企业会选择市场上热卖的大众化产品切入。这些企业往往具有很强的复制能力。需要注意的是，如果以这类产品为切入点，必须是在产品生命周期的成长期或成熟期，否则选择大众化产品切入婴童行业，便是在逆势而为，难度可想而知。

我们更为赞同的大众化模式，是对高科技产品的大众化。比如，婴幼儿可穿戴设备，作为不曾被产业大佬占领的利基市场，已经引得不少企业加入。目前，从儿童智能鞋子到智能外套等，各类产品类型都在日益丰富。这种大众化的本质是让高科技与现实需求接轨，让理想落地，切实成为日常生活的一部分。

近年来，一些企业开始研发婴幼儿可穿戴健康跟踪设备，确保父母对婴幼儿的状况了如指掌。例如，Owlet 婴儿智能袜，主要用于监测婴儿睡眠时的相关数据（如体温、心率、血氧、睡姿等），确保婴儿不会因翻滚而出现意外；Mimo 婴儿智能连体衣，其设有传感器，可实时监测婴儿的相关数据（如呼吸、体温、姿势、活动强度等），而后通过蓝牙技术将信息实时传至婴儿父母的智能手机上，以便随时随地了解婴儿的情况；Sproutling 研发的婴儿监控器，甚

➤ 壁垒的不同等级

婴童产业的壁垒一般可以分为两个等级，一是技术壁垒，它是由客观的、可见的参数堆砌而成；二是品牌壁垒，它是基于消费者对品牌的认识而形成的约束。前者可以阻挡产业后进入者的脚步，而后者则有利于在产业中形成近乎垄断的市场效应。

（1）技术壁垒

就目前的婴童产业来说，大部分产品和服务的技术含量相对不高。但是，对于部分已经形成品牌效应的企业来说，其产品已经具备了一定的技术含量。对于那些意欲进入婴童产业的观察者而言，技术已然成为一道不易跨越的门槛。

以安全座椅的制造为例，不少经营者看中安全座椅的未来发展空间，想试水安全座椅制造领域。但是，进入该领域后却发现：如今的安全座椅设计与制造过程中，对安全技术的要求非常之高，国内部分企业自主研发的产品技术标准甚至远远高于行业标准。

最为典型的是好孩子，该企业是国内儿童安全座椅品牌的领头羊。在中国大众还不知道儿童安全座椅时，它便已经建立起了世界一流的儿童汽车安全座椅制造基地，投资建立了全球行业最先进的儿童汽车安全座椅撞击实验室，配备世界上最为先进的高端检测设备仪器和高素质的专业检测队伍，确保好孩子的每一款汽车座椅都设计合理，质量可靠，达到世界级水平。目前，好孩子的安全座椅已经发展至678系，这也是好孩子不断提升自身技术水平、打造技术壁垒的过程。

从实践结果来看，好孩子的成功便在于它构建出了一个产品的技术壁垒，使壁垒之内的企业在跟随过程中持续进步，同时也使壁垒之外的企业不敢轻举妄动。

（2）品牌壁垒

品牌壁垒是由消费者对某品牌产品的认识、态度和心理倾向等构成的壁垒。一般而言，品牌壁垒是在技术壁垒生成后形成的。当消费者从企业的产品或服务中获得体验后，会自然而然生成一种对这一品牌产品或服务的评价，那些颇为优质或劣质的体验会在消费者内心中形成较为明显的评价。

从实践来看，消费者一旦认定某品牌产品是值得信任的，他便会通过自己采购或推荐他人等形式而形成连续购买行为，甚至会对这一品牌的其他系列产品都给予极大的信任。这也是企业有必要着力打造品牌壁垒的原因所在。

值得注意的是，消费者对婴童用品和玩具的信任门槛是不同的，对婴童用品的信任门槛比对玩具的信任门槛更高一些。

无论是婴童用品还是玩具，其购买决策都是父母与孩子消费决策权博弈的结果。对于婴童用品而言，父母拥有绝对话语权。他们在选购商品的时候更为理性与科学，因此更加看重技术标准或品牌。对于玩具而言，小孩的消费意识会带动父母产生消费行为。在玩具保证安全的情况下，父母对选择什么样的玩具会尊重孩子的意志。而孩子又是喜新厌旧的，他们不关心参数，只关心好不好玩，能不能跟同伴们炫耀。

所以，婴童企业需要根据婴童用品和玩具的信任门槛高低以及产品特征，有针对性地在消费者头脑中建立正向评价，让消费者的认可与信任成为打造品牌壁垒的基石。

定价权与溢价权

在产业壁垒下，消费者对于那些自己认可的品牌产品，往往会不吝惜价格高低而心甘情愿地购买，品牌企业由此获得了在整个产业中谋求发展的主动地位，同时与产业链上下游的其他企业相比也更具有话语权。因此，建立技术壁垒和品牌壁垒的企业更具有定价权，甚至是溢价权。

> 定价权是指公司对其产品价格制定拥有主动权，若改变产品定价不会对需求有负面影响，拥有定价权的公司在成本上升情况下可以顺利通过提价将新增成本传导给下游且不影响销量。
>
> 溢价权和定价权的不同之处在于，定价是用于指导销售的绝对价格，而溢价是相对于同类产品价格的溢价。一般情况下，溢价发生在品牌商品中，因此又有“品牌溢价”一说。

但是，这些壁垒一旦形成，也可能出现认知固化的问题——人们对企业品牌的定位趋于固化，如同坚固的堡垒一样难以突破。比如人们会“固执”地认为，A 企业生产的产品是高端产品，而 B 企业生产的产品则是低端产品，这都是壁垒形成初期留下的印象所致。

> 2006 年前后，好孩子的童车已经占据了中国市场 90% 以上的份额，这些童车产品中实际销量最大的当属中低端产品。这一销售情况并不取决于好孩子的产品本身，而是由当时中国的平均消费水平所决定的——人们的普遍消费能力决定了人们选择了好孩子的中低端产品。同时，这种实际存在的消费行为还一不小心在消费者头脑中制造了一种认知偏差——部分消费者给好孩子贴上了“中低端

产品”的标签。

这种认知偏差影响了中国童车市场数年。特别是近年，很多中国年轻人尤其是北京、上海等一线城市的年轻父母，认为好孩子的特点是“性价比较高”；而在选择相对高端的童车时，他们却会更青睐外国品牌。

这种由消费者自己构造的认知壁垒是难以打破的，即便这个认知可能并不准确恰当，但是企业方无法强硬地强迫消费者作出改变，而只能默默地从自身角度作出调整，从而破除消费者的认知壁垒。

于是，好孩子决定从外而内地打破消费者的认知壁垒，重新架构新的认知壁垒。2014 年，好孩子收购了两家儿童用品公司——拥有德国高端新锐儿童用品品牌的 Cybex 和美国儿童用品公司 Evenflo，借此在由消费者认知壁垒设定的世界儿童用品领域坐标系中实现了进一步转型升级。

从这个角度来看，企业并非“建立技术壁垒或认知壁垒即大功告成”，而是仍然需要从持续发展的角度去思考壁垒的构筑问题——壁垒对于企业应当是晋级时的推力，对于新进入者则是阻力。唯有平衡好这一点，企业才能通过产业壁垒的建立来真正获得定价权与溢价权。

（1）婴童用品：技术标准永远是加分项

对孩子而言，好的婴童用品，是那些有绝对优势的产品，比如安全座椅的安全系数越高越好。

专业背书是技术标准的变异形式。专业性越高，越容易令人信任。举例来说，年糕妈妈主打自己浙大医学硕士和新妈妈的双重身份，母婴娱乐网综《崔神驾到》直接在名字里就用到了儿科专家崔玉涛这个 IP。

在这方面发力，一种方式是自己持续深耕，另一种方式是通过资源整合或公司并购等行为，将那些零散的专业资源为我所用。

（2）玩具：注重品质＋会讲故事

在孩子眼里，好的玩具是有趣的、有意思的。因此，让玩具“活起来”，企业才能“火起来”。比如猪猪侠等奥飞动漫强势打造的IP，就是以讲故事的方式让自己成为孩子眼中“最好玩的玩具”。除此之外，玩具本身也要在技术上形成一定的优势，比如玩具构成的绝对安全，高科技玩具所携带的高科技等。

2. 技术标准与壁垒

对于中国婴童产业来说，壁垒的生成经历了一个从无到有的过程——从最初的代工，到后来的标准研究，再到技术标准的形成，由此产业壁垒初步生成。过去，这个过程伴随着无数婴童企业的尝试和探索；现在和未来，壁垒还在被产业经营者们持续加固。

➤ 从代工到标准

在很长一段时间里，中国制造企业的从业者们只知道把零部件加工成什么样，但是没有人思考为什么要制作成那个样子。倘若你在三十年前问一名工人这样的问题，他最有可能给出的回答是：“因为订单方的要求就是这样的。”这是典型的代工思维。

代工思维即OEM思维（original equipment manufacturer）。中国曾是世界很多品牌的代工厂，在这些地方工作的人们，其思维方式就是“听话”“干活”。在这种思维方式下，做事情不用考虑消费者的需求，只要符合订单方的要求就可以了。消费者有什么需求，是订单方要考虑的事情。

与代工思维相对的是消费者导向思维。消费者导向思维是指要了解消费者的核心诉求，用心思考如何满足消费者，以及如何把想法落地并推广。其关键在于以消费者的需求作为设计和生产产品的出发点，而不是订单方的要求。即便是对那些市场上已经成型、成熟的产品，也要尝试去反思：消费者还会更喜欢它一点吗？是否还有改善的空间？

在童车行业，曾经有一个来自英国的品牌叫玛格罗兰（Maclaren）。它只做婴儿车，而且只用一款婴儿车打天下，四十多年来经久不衰。但是，就是这样一个堪称“童车领域绝对权威”的老牌企业，却在 2009 年开始出现大批产品回收——因为它的产品夹断了 130 多个小孩的手指！

据 CNN 新闻报道，是在伞车开合的时候，儿童的手指被绞在两侧的铰链里面；而 ABC 新闻报道说，铰链装置是在推车的侧面，当儿童坐进推车或者已经在推车里面坐着的时候，伤害都有可能发生。而这样的产品从 1999 年开始，就已经在中国大陆大规模生产并投入市场。直到十年之后，才发生第一次召回。

值得一提的是，好孩子集团通过标准研究，在此之前就发现了玛格罗兰的结构问题，并认为“应该限制那种折叠结构的使用”，这即是标准研究的意义所在。

进一步讲，标准研究的实质是关于“事物应该是什么样”的研究。它以现有知名品牌的产品为参照，站在消费者的视角审视这些产品是否存在改进空间，而后再去设定未来可行的产品标准。

从这一点来说，行业标准不是固定的，不是某个人或企业所决定的，而是经历了大量消费者的实践检验并得到广泛认同的。

➤ 设计技术标准

技术标准需要不断地更新换代。这就要求企业保持对消费者的敏锐，不断突破技术边界。产品技术水平的高度，直接决定了企业所构建的壁垒的高度。

标准研究最初是停留于研究层面，是对新产品设计或旧产品改善的描述。至于如何让目标成为现实，则要依赖于技术。

> 以功能性婴童服装为例，近年来消费者对这类服装的需求在不断凸显，婴童服装企业必须针对消费者需求的特征，如吸湿速干、防紫外线、防水、抗菌等功能性需求，来选择或自主研发对应的面料，以满足消费者在特殊环境下的需要。
>
> 以儿童玩耍常穿的防水服为例，防水性能主要有两种表现：一是防渗透性，就是虽然服装面料表面不防水，但是能阻止水渗透过服装，使服装的内层是干燥的；二是防沾水性，即水在服装上会分散成小水珠而滑落，服装面料表面不会被水淋湿。
>
> 从技术实现上，前者通常需要在服装面料的内表面复合一层微孔薄膜；后者通常是在服装面料表面进行特殊处理，如涂层面料。同时这些面料还要兼顾美观等功能，因而在剪裁拼接位置要做压胶条处理。

让婴童服装防水是“满足消费者需求”的出发点，而防水面料的研发和着装舒适度的处理则可以借助技术来实现落地。

可实现的技术，最终被整理并描述成为“标准”。一般而言，产品结构功能、制造方法、安全卫生与环境保护等多方面，都是设计技术标准的思考维度。当我们将这些技术标准以可操作、可控制的设计，客观、具体地描述出来后，很可能会发展成为整个企业乃至整个产业遵循的标准。而制定技术标准的企业，会因拥有较高的技术水平、标准知识产权而更具有竞争力，并由此在整个婴童产业里抢占更高的市场地位。

3. 壁垒与产业升级

行业壁垒在不断地形成、颠覆与重建。产业壁垒对于不同的企业有着不同的意义。对于当下技术水平较低的企业，意味着要打破技术壁垒，这样才能让自己在产业中占据一席之地。对于当下技术水平较高的企业，则意味着要提高技术壁垒，让企业持续占据优势地位。而从整个婴童产业角度来看，转型升级将是大势所趋。

➤ 技术持续提升

技术壁垒是很难以迂回手段攻克的，婴童企业意图在这方面有所突破，就必须持续提升技术，强化自身的技术能力。当然，这种技术提升并不是空中楼阁式的提升，而是基于消费者需求而设定的。

（1）针对明确需求的技术提升

基于婴童用品使用对象的敏感性，对质量的高要求一直是人们关注的方向。特别是在对外贸易中，各国针对传统玩具、婴儿学步车以及婴童服装等商品设置了技术贸易壁垒。

比如，欧盟和美国在不断严格原有的儿童用品法规，印度尼西亚、乌克兰、瑞典、埃及等国家也纷纷出台了一系列针对儿童用品安全的技术壁垒。统计数据显示，中国每年收到欧盟、美国、加拿大等国关于儿童用品的通报达数百起。

这说明了消费者群体的需求在逐步提升，因此，面向消费者具体需求去设计技术指标，在产品研发技术上加以改善，并逐步采用高新技术和工艺，落实良好生产规范，这是婴童产业实现技术水平升级的基本途径。

（2）针对隐性需求的技术突破

隐性需求是指消费者有需求而一直未能得到满足的方面。它有两个特点——鲜明、脆弱。前者是说，消费者的需求非常明显；后者是说，这个需求并未因企业的忽略、逃避、搁浅而消失，而是随时可能引发一系列问题、弊端或威胁。

曾有监控录像显示，一个妈妈推着一辆婴儿车在地铁站等地铁，结果她做自己的事情去了，婴儿车不小心溜走，并跌落在地铁轨道上。这时候，地铁来了，场面惊心动魄。这不是个案，很显然，婴儿车的自动刹车功能非常有必要。

但是，婴儿车发明到现在，已经有160多年的历史，整个行业却并未形成相关的标准。为什么呢？因为这个问题很难解决。比如，消费者不喜欢必须按着才能推的车，或者刹车功能会导致上下楼不方便，而且它也会增加婴儿车构造实现的难度。

后来，好孩子向日本标准化委员会提交了自动刹车方面的一整套资料，仅在自动刹车方面，就申请了上百项专利，从而构筑起极高的技术壁垒。

这给我们以这样的启示：找到隐性需求，并据之设计真正的需求满足方案或问题解决方案，可以成为企业技术突破的重要方向。

从婴童产业的整体发展趋势来看，技术升级带来的技术壁垒重建是一种必然趋势，而且产业壁垒的存在周期必然越来越短。这意味着：有很多原本建立了行业标准的大企业正在被赶超，也有很多默默无闻的小企业因刷新行业壁垒而快速成长。如果企业经营者能够认识到这一点，并立足自身寻求技术突破，那么他们往往能够带领竞争对手们一起取得进步，同时能以极大的优势引领产业集体升级。

➤ 模式转型升级

产业壁垒的重建，并不局限于产品技术方面，还有一种可行的尝试就是针对经营模式的转型升级。一般而言，转型升级的基本原则为：立足现在，联合所有，面向未来。“立足现在”是指紧密结合企业的现有优势，同时紧抓时代脉搏；“联合所有”是指联合一切可以联合的力量；“面向未来”是指根据时代需求和未来发展方向，去确定自身的转型提升方向。

自 2014 年年初，高乐股份依托主营业务——玩具，逐步向教育产业扩展。而后通过智能玩具、幼童教育、在线平台、动漫玩具衍生品等方面，对婴童产业市场进行大力整合，努力打造婴童产业链闭环模式。

2015 年，高乐股份与幽联技术合资设立了子公司。幽联技术公司掌握着机器人人工智能技术，并研发出世界上第一台可工程化的人工智能机器人。高乐股份与之合作的目的，便是为了推动企业从传统硬件玩具经营转向智能化玩具。目前，公司婴童产业链的建设正在稳步推进。

2017 年，高乐股份又与迪士尼签订“许可协议”，迪士尼允许高乐公司在特定期限内在特定玩具类产品上使用相关迪士尼原型和商标，并授权公司在特定的渠道销售许可产品，由此大大促进了公司玩具系列的开发和渠道拓展，进一步提升了公司品牌和影响力。

从高乐的做法中，我们可以看到三个角度的尝试：

（1）结合时代需求的特征

受德国工业 4.0 提出的智能化概念和《中国制造 2025》的启发，很多企业在尝试向智能化转型——有的在智能化生产，有的在开发智能化产品，高乐选择了后者。

（2）联合所有可能的资源

这一点从高乐与幽联技术、迪士尼的合作即可明显看出。

（3）拓展企业经营的跨度

企业的出发点不再局限于本企业个体的进步，而是通过产业整体的力量带动企业个体的发展。在实践中，可表现为：着力拓展全产业链能力，打造产业闭环模式，实现产业群体的共赢式发展。高乐不断通过与幽联技术、迪士尼等公司不同模式的合作，拓宽了自己的经营跨度范围，由此实现了自己与合作企业的共赢和进步。

在婴童经济中，企业需要通过不断提高产业壁垒，为自己打造一道更高的保护墙。同时，这也给其他婴童企业带来了经营的难度——它们必须不断思考向前行进的路径。换言之，产业壁垒的日益提升正在倒逼整个婴童产业不断地转型和升级。从这个角度来说，不满足于当前已经取得的成就，探索不同的转型升级模式和方法，是每一家婴童企业必须承担起的责任和努力的方向。

核心观点

➤ 婴童企业科学经营的思考原点是洞察需求，最终目标是满足需求，理想结果是引领需求。

➤ 婴童行业判断需求价值大小具有三个重要标准：第一，消费频次高低；第二，是否刚需；第三，是否容易建立壁垒。

➤ 企业在进入婴童产业某个细分领域时，必须考虑这个细分领域是集中还是分散。一般而言，观念文化越统一，产品技术含量越高，这个细分领域越集中，相对而言进入难度越大。

➤ 从产品生命周期角度来看，如果产品处于导入期、成长期或成熟期，则为适宜进入阶段；如果产品处于衰退期，则为不宜进入阶段。

➤ 婴童企业必须结合自身实际，做好产品定位，比如，是大众化还是个性化，是低级产品、中级产品、高级产品还是奢侈品级产品。产品定位一旦在消费者的心智中形成，便很难改变。

➤ 婴童经济本质上是观念经济，它更易受到口碑的影响。正面口碑与负面口碑均能影响消费者行为。通常，负面口碑的影响力大于正面口碑。让负面口碑转化为正面口碑难度极大，而从口碑生成的源头——产品或服务来形成正面口碑则容易得多。

➤ 婴童产业的壁垒可以分为两个等级，一是技术壁垒，二是品牌壁垒。具有这两个壁垒的婴童企业，在行业内往往拥有定价权和溢价权。

➤ 产业壁垒既是先进入企业的保护墙，也是后进入企业的障碍。先进入企业不断提高壁垒，后进入企业不断打破壁垒。从某种意义上说，正是产业壁垒的提高和打破，不断地推动着婴童产业的转型升级。

深度思考

到底什么样的创新才是有效的创新?

生产如何实现向精益和智能的转型?

婴童企业应该如何进行品牌建设?

婴童企业跨界应该注意哪些问题?

婴童企业如何才能做好资源整合?

第 1 节 创新能力

在当下的婴童行业中，抄袭是一种比较常见的现象。抄袭虽然可能占得一时的便宜，但是长期来看却会导致严重的后果：产品或服务越发同质化，进而因同质化而陷入价格战。在这种情况下，创新的重要性可想而知。但是，创新也充满了风险和不确定性，对于婴童企业来说，只有具备了创新能力，才可能克服创新风险，真正实现创新。

1. 主动创新的意识

从本质上讲，创新能力是企业利用差异化的产品和服务满足用户需求的基本能力。不过，具备创新能力之前首先要具备的就是创新意识。如果不创新，那么企业就可能逐渐被市场所淘汰，这几乎是婴童产业经营者的共识。

在婴童产业中，一些婴童企业因惧怕竞争者模仿而惰于推陈出新，甚至存在一种畸形的行业观点——“与其被别人抄袭，还不如坐等抄袭别人”。可见，婴童企业的创新活动受限，通常并不是因为企业做不到，而是它们不愿意去创新，这属于创新意识层面的问题。

➤ 创新的先行者

事实上，一个没有创新能力的产业跟随者，永远不会具备持续发展能力。这应该是每一个婴童产业从业者的基本认知。不在创新方面投入，直接复制其他企业的产品，这种做法看似省力，但却是最不可取的做法。

这主要是出于两个方面的考量：第一，不创新意味着企业永远无法抢占市场先机，因为市场壁垒一旦构建起来，构建得越来越高，那么复制者和跟随者便很难再进入这一市场；第二，复制成品或者做新产品的跟随者，还可能面临侵权的问题，伴随侵权而来的是信誉丧失、经济赔偿等问题，这将直接导致企业走上败亡之路。

而创新的先行者却可以通过创新抢占市场、创造盈利，甚至创新技术本身也可以通过知识产权的形式来创造利润。这也是自主创新能力被视为婴童企业核心发展能力之一的原因。

➤ 聚焦育儿观念

育儿观念决定了婴童产业发展的走向和可能达到的高度。如果未能弄清楚这三个问题：最先进、最科学的育儿观念是怎样的，当下的育儿观念和育儿方式出现了哪些变化或趋势，孩子的天性心理是怎样的，那么所谓的“创新”最终往往会沦为一场毫无意义的资源浪费行为。事实证明，只有那些承载了先进、科学的育儿观念和对孩子的关爱的创新行为，才会取得成功的创新结果。

2003 年年初，乐高的销售额（如图 5-1 所示）同比下降了30%，而每次大数据分析得出的结论更是雪上加霜：未来的几代人会对乐高失去兴趣，从小就接触电子设备的一代没时间也没耐心玩乐高。郁闷的乐高把精力如泼墨般挥洒在主题公园、儿童服饰、视频游戏、电视节目和零售商场上，但却收获甚微。

直到 2004 年年初，一位 11 岁的德国男孩给出了答案。他是乐高迷，同时也是滑板爱好者，他说他最钟爱的东西是一双破旧的阿迪达斯运动鞋，鞋子一侧已经有了皱纹和凹陷，右边鞋帮磨坏了，鞋跟也磨平了。这双鞋证明，他是这个城市里最棒的滑板运动员。这说明了什么？孩子们最想要的是在同龄人中获得社会存在感。而社会存在感的来源有两个：一是具备高超的技能，比如滑滑板；二是这种技能必须有一定的物质呈现，比如运动鞋。

于是，乐高更注重细节，安装手册更精确，游戏挑战也更有难度。这些行动奏效了，对于用户来说，乐高似乎在召唤人们克服困难、掌握技巧。尤其重要的是，它是一种来之不易的体验，能够强烈地激发人们花费心思并付出努力。到 2014 年上半年，乐高销售额已经超过 20 亿美元，成为全球最大的玩具生产商。这一成就的取得，要得益于乐高抓住了孩子的心理需求。把握好这一点，才能避免使创新陷入万劫不复的境地。

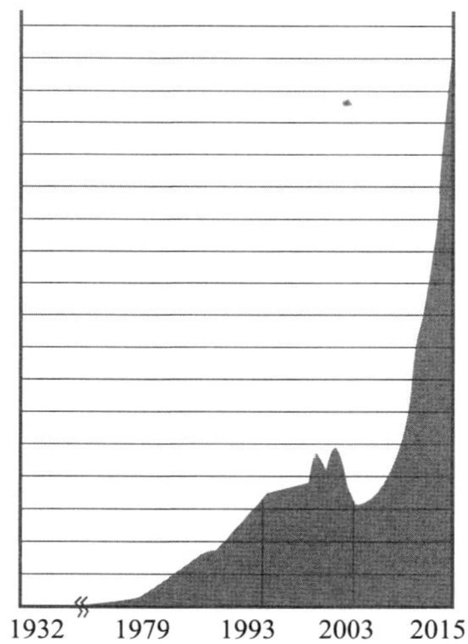

图 5－1　乐高历年销售额走势

同时，我们也会发现，这种育儿观念本身承载着对婴幼儿发自内心的关爱与呵护。一个不肯用心去感受孩子、研究孩子、花时间观察孩子、与孩子相处的婴童企业或婴童行业从业者，很难在婴童行业真正有所作为。在进行婴童产品创新之前，不妨先扪心自问：是否真的懂孩子、喜爱孩子？是否能把别人家的孩子当成自己的孩子？

对婴童行业来说，从业者必须要有高于其他行业的良知和底线，既要有专业的育儿观念，掌握科学的育儿方式，又要对孩子抱有无分别的关爱之心和情怀。这是所有婴童企业创新的出发点。

2. 创新的需求原点

现实中我们经常可以发现，无效的创新比比皆是，很多看起来非常精巧的创新产品却被证明是失败的创新，因为不契合父母们的育儿需求，所以无人问津。脱离育儿需求的创新，只能是一厢情愿、自娱自乐，消费者自然不会买单。婴童企业的创新务必牢记：创新的目的是满足育儿需求，因此育儿需求是一切创新的出发点。

➤ 需求调研

一项卓有成效的创新，必然与用户有着直接而紧密的关联。要创新就必须先发现用户需求，需求调研是创新活动启动的第一步。毫不夸张地说，一个具有强大创新能力的企业，它的用户需求调研能力一定是一流的。

需求调研的渠道有很多种，渠道本身很大程度上决定了获取信息的准确性。在实践中，对于用户显性需求的获取，有时可以借助电商平台的大数据来实现。

> 仔细研究时下最畅销的前20款婴儿车单品，通过对不同产品的要素的分解以及产品之间的横向对比，可以发现最流行、最火爆、最受消费者欢迎的产品要素——高景观、大轮胎、双向可拆卸睡篮等。图5-2是京东平台上销量排在前八位的四款婴儿车截图。

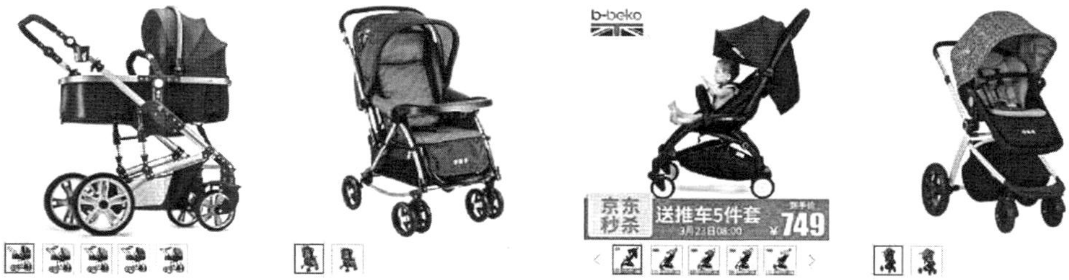

图 5－2　京东平台上销量排在前八位的四款婴儿车截图

一些婴童企业经营者有时会将这些要素进行有机组合，设计在同一款产品上。如果这个过程运作得足够有效，那么这款产品甚至可能畅销一段时间。但是，这是一种竞争导向的创新开发方式，虽然比较讨巧，但是不值得大力提倡。因为，虽然这样做有时会得到不错的回报，但是如果行业中所有企业都在进行这种低端创新，那么最后的结果一定是创造力的集体丧失与新一轮的同质化。

因此，婴童行业真正的创新绝对不是跟风、追热点，而是善于倾听消费者的声音，从流行的现象下面发现潜在机会和价值空间，在更高层次上进行创新，进而拓展生存和发展空间。比如，从真实、具体的线下交流中，去获得个体的消费体验与主观感受。

有一次，好孩子集团创始人宋郑还先生和太太在逛荷兰的百货商店。这个百货商店人很少，很安静，他们看到进来一对夫妇，推着一辆婴儿车，小孩子突然哭起来，那位妈妈就将婴儿车向台阶边上轻轻地撞击了一下，车子轻轻摇晃起来，孩子马上就不哭了。车子停止摇晃之后，小孩又哭起来。

这个场景让宋郑还有了这样一个想法，即设计一款能够把小孩放在上面摇晃的产品，让小孩舒服，家长也方便。于是，好孩子就发明了一款可以改变摇动幅度和力度的秋千式婴儿车，这款新车具有直线和弧线两种摇法，轻柔得如同妈妈，稳重得如同爸爸，所以它的名字叫“爸爸摇、妈妈摇”。就是这款童车，为好孩子打开了美国市场的大门。

好孩子没有考虑市场上最畅销的婴儿车所具备的要素，而是从需求原点出发来创新产品。这种观察和访谈似乎较为传统又笨拙，但却散发出大数据所不及的调研魅力。

优贝的需求调研方式更进一步，它形成了规范的调研流程——在解决问题的过程中，与用户建立密切联系，抓住其痛点，设计并提供创意产品与服务。

优贝从 2009 年开始做儿童自行车，最初没有经验，只能采用行业通用的零部件标准，后来有用户反馈说，自行车的辅助轮很容易变形，导致孩子在骑行过程中摔倒。这个问题其实已经困扰行业很多年了，主要是因为支撑车轮的小钢条质量不好或者受力不均匀导致的。

优贝非常重视这个问题，它的创始人亲自跑去做售后，仔细研究了辅助轮到底是怎么变形的，回来跟团队交流这件事。之后他们设计了一款“永不折弯辅轮”（如图 5－3 所示）。实际上是用一个一体化的钢板代替了原先连接在后轮和辅轮之间的横杆，有效地解决了消费者的问题。

这样的小发明、小创造不胜枚举，优贝致力于让自行车的每个零部件都达到最大限度的品质化、专业化，由此构筑了优贝自行车的高品质与专业性。

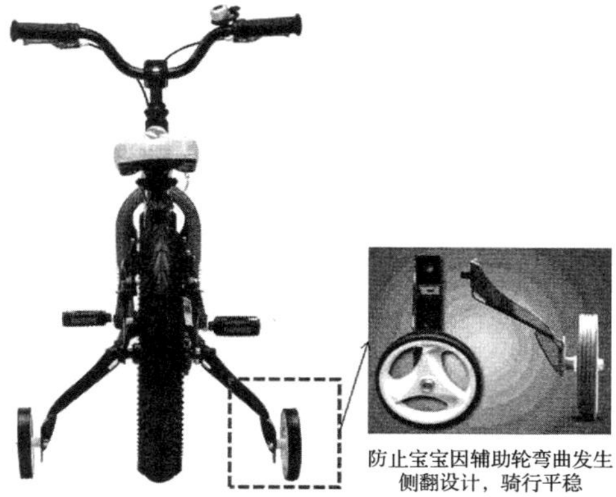

图 5-3　优贝儿童自行车与“永不折弯辅轮”

需要注意的是，在需求调研过程中，与消费者建立同理心是非常重要的。这种能力不是天生的，除了观察消费者行为之外，婴童企业还可以请教育儿专家、联合育儿机构以及自己系统研究育儿观念等方式来解决这个问题。

➤ 用户参与

当然，更为绝妙的方式是充分调动用户的参与热情，让用户共同参与产品的开发设计过程，这就是“参与式创新”。

美国哈佛商学院教授克里斯坦森继《创新者的窘境》之后出版了《创新者的解答》一书，其中提到了针对 BIG 公司（欧洲最大的玩具制造集团，德国仙霸集团旗下的著名品牌）的案例研究。我们可以从下面这段表述中看出用户参与对产品创新的影响。

> 在和一家市值高达数十亿美元的玩具公司高管的交流中，BIG 公司注意到高管的抱怨——感觉市场上已经多年未见振奋人心的玩具创意，于是 BIG 公司邀请所有具有玩具创意的人（包括母亲、小孩、退休人员、任何有想法的人）来参加公司在全国各地举办的

“创意集市”（Big Idea Hunts）。

在创意集市上，由公司信任的咨询机构派出专家组成评审小组，客人们把自己的创意展示给评审小组。一旦发现优秀的创意，BIG 公司就会从发明者那里购买版权，经过几个月的雕琢，将这个创意改造成可行的计划，制造出可供销售的玩具雏形。而后，BIG 公司将其授权给一家玩具公司，再利用自己的渠道进行生产和营销。目前，BIG 公司已经成功地运作了一系列真正激动人心的高成长产品。

克里斯坦森将 BIG 公司能不断产生潜力巨大的新产品的原因，归功于“塑造创意的过程”，而非某个人是否有足够的创新能力。

的确，对每个人来说，创意都是一种稀缺资源。倘若能够集思广益，那么创新就会变得容易和轻松许多。奥飞娱乐在这方面的做法可谓开国内企业之先河。

2017 年 8 月中旬，由工业和信息化部消费品工业司指导，中国玩具和婴童用品协会、全国妇联儿童工作部共同主办，奥飞娱乐股份有限公司协办的第八届“奥飞杯”创意设计大赛评审会在北京举行。大赛中，由奥飞娱乐高级副总裁曹永强领衔的奥飞设计师与 10 余位权威人士组成的评审团，围绕作品在后期开发生产、科技应用、设计创意、理念体现、市场价值等方面的表现展开深度交流，热烈探讨产品开发方向和市场走势，为产品创新的发展把准脉。

此时，企业不再是单纯的产品和服务的提供者，而是化身为一个平台，任凭大家创意涌动、思维奔逸，聚合行业资源，有效激发从业者以及用户的主动性和积极性，并提升婴童行业的整体创新水平。

可以说，用户参与是企业创新的一个极佳模式。如今，许多企业都在尝试这种模式，比如有的企业要求产品设计团队与市场部的同事在一起办公，有的公司要求每个环节都要引入使用者……这一切恰恰印证了——产品创新绝不能脱离用户需求。

第 2 节　生产方式

婴童经济刚起步时，婴童市场供不应求，婴童产业的发展在于快速复制产品。当传统的手艺活碰上标准化的流水线，后者在成本和交付速度上以碾压性的优势冲击了整个手工业的产业链及市场空间。于是我们看到，从前的风筝是爷爷用竹篾扎、用胶水糊、用彩笔画的；后来的风筝是工厂里批量生产出来的。生产的东西没变，是生产方式在变。

到如今，消费者的口味越来越高，他们的需求开始趋向：与众不同，创意，交货快速，性价比高。也许在未来，每个孩子都将拥有定制化生产的专属玩具。而隐身于这一切背后的则是新一轮生产方式的变革。

1. 传统生产方式

美国经济学家熊彼特指出："生产意味着把我们所能支配的原材料和力量组合起来，生产其他的东西，或者用不同的方法生产相同的东西。因此，经济发展主要在于用不同的方式去使用现有的资源，利用这些资源去做新的事情。"这段话表明了生产方式的进步对经济发展的重要影响。

➤ 手工作坊式

手工作坊是人类最早的生产方式，于 16 世纪诞生于欧洲。这种手工操作模式以单件生产为基本特征，在自动化技术尚未普及的 20 世纪 70 年代之前使用极为广泛。

事实上，即便时至今日，它也可能是一个企业初创阶段所选择的生产方式。在婴童产业中，很多初创企业都是从手工作坊开始的。这是因为，手工作坊生产方式所需的资金、场地规模、人员数量相对小，一个工人可以独立完成一件产品。

但是，这种生产方式同时也伴随着很多问题。比如，许多小作坊都难以招到合适的工人，生产能力匮乏，生产水平低下，规模扩张有限；生产周期较长；种类有限，玩具以泥娃娃、风筝、溜冰车等工艺简单的物品为主；工艺稍微复杂一点的婴童用品，又常常存在品质的稳定性与可控性较差的现象。

乐山市硕士儿童用品有限公司有700多名员工，年产值过亿元。其生产的“小硕士”婴童床，销量稳居国内婴童床市场前三位，成为国内婴童床领军品牌。而这家公司最初便是从一家小作坊起步的。

2000年3月，公司总经理（如今的董事长）徐加华带领作坊的工人生产出了第一批婴童床。但不久后，产品被全部退回，因为孔距不合规格等原因，用户购买后无法组装。事实上，这是手工作坊生产方式最为常见的问题。

为了解决这个问题，徐加华与工人总结第一批产品失败的原因，想方设法解决问题，同时也形成了一整套的生产工艺流程。为了解决手工生产达不到标准的难题，公司决定购进一些小型设备，并以标准化生产线来辅助生产。2008年，徐加华的婴童用品工业园建成，原来的手工作坊最终成为现代工业企业。

➤ 福特制生产

20世纪初，美国福特汽车公司首先在底特律建立了全球第一条流水生产线，流水生产线的问世简化了福特 T 型车的组装流程，将原来涉及 3 000 个组装部件的工序简化为 84 道工序。而新的生产方式为福特公司带来了超乎想象的进步空间，将每辆车的生产时间从原来的 12 小时缩短为仅仅 90 分钟。而后随着工艺的持续改进，福特公司甚至每 24 秒钟就能生产一辆 T 型车。

这种生产方式的典型特征是：通过大批量生产，实现了时间、成本和人力资源的大幅下降。成本的下降带来的好处是售价的大幅下调，更多消费者能够购买得起。因而，到 1927 年，福特公司的全球销售量超过了 1 500 万辆汽车，达到了当时全球汽车销售总量的 50%。

福特制生产方式极为广泛地传播开来，不仅在其他汽车制造企业之间，还逐渐覆盖到其他制造领域，如照相机、白色家电等；不仅限于美国本土的制造企业，还被其他国家所采用，包括中国制造企业。而且这种生产方式的影响时效也非常长，一直到 20 世纪 80 年代，福特制生产在中国大部分企业中，仍然是被广为推崇的生产方式。像我们前面提到的徐加华的硕士儿童用品公司后来采用的便是福特式流水线生产。

但是，伴随着全球化、市场化和信息化的发展趋势，实施福特制生产方式的企业也开始暴露出一些问题。在婴童产业中，越来越多的产品种类，越来越高的个性化及性能要求，越来越短的产品生命周期和交货期，越来越大的价格和成本压力，都使得福特制生产方式无力应对。一面是小批量、多品种的终端需求，一面是只能实现大批量、单一品种的传统流水线，生产方式的变革成为婴童行业发展必须解决的问题。

2. 从精益到智能

为了解决福特制生产方式日益凸显的问题，一系列关于制造的新概念应运而生了：准时化、敏捷制造、并行工程、绿色生产、虚拟制造、全球制造……它们都被用来解决批量生产方式的弊端。其中，精益生产方式和智能制造是其中的典型代表。

➤ 精益生产方式

精益生产方式是为了解决福特制生产方式的弊端而设计的。这种生产方式强调效率、质量、成本、柔性等，能够有效地应对多品种、小批量的市场需求。精益生产的推行角度非常多，下面我们从管理、自动化两个方面来介绍一些优秀婴童企业所进行的成功探索。

我们先看一个从管理方面推进精益生产的例子。

汉川位于湖北省中部，紧邻华中地区中心城市武汉，它是武汉城市圈成员，距武汉市中心约 40 公里。强大的武汉对汉川形成了明显的虹吸效应，小小的汉川想留住工人都很困难，留人最直接的方法是涨工资，但是汉川产区主要生产儿童推车，利润本来就不高，工资高了利润就下来了，甚至可能亏损。位于汉川的湖北洋田塑料制品有限公司在 2016 年率先应用精益生产解决了这一难题。

如表 5－1 所示，以硫化车间为例，该车间生产儿童推车的轮胎，改善前两个人操作三台机器，在机器自动运行的间隙，作业员平均有 51% 的时间处于等待闲置的状态。改善小组重新分配工作后，改为两人操作六台机器。仅此一项小改善就使得该公司在产量不变的情况下，硫化车间由 42 个人压缩为 21 个人，年节约成本近百万元。通过引入精益生产，公司用 5 个月的时间人均产出提高了 34.8%。

表 5-1　　硫化车间人机联合作业分析　　单位：秒

机号	操作人数	总测时间	等待时间	空闲比率
29、30、31 小机器	2	11.05	6.25	57%
32~3.5# 小机器	2	4.37	1.5	34%
1、2、3# 大机器	2	9.46	5	53%
	合计	24.88	12.75	51%

我们再看一个从自动化方面推进精益生产的例子。

奥飞动漫大量使用注塑机，为了提高生产效率，奥飞动漫为每台注塑机 100% 配套机械手、100% 配套气动剪刀架、100% 配套输送带。按照这一模式，人机占比为 1∶2，即一个人操作两台注塑机，而业内的平均水平为 1∶1，即一个人操作一台注塑机。需要注意的是，这种改善并非添置一些机械手、气动剪刀架、输送带就能实现的，奥飞动漫的模具部门必须在模具制造、排摸等环节做出相应的改变才能实现。

当然，精益生产不仅从管理、技术上改变了企业问题，提升了企业效益。更重要的是，它带来了婴童企业从业者的意识改变，引领整个企业甚至整个产业的从业者去思考“改善与提升”。事实上，这也是精益生产方式最值得称道之处。

➤ 智能制造方式

在精益生产的基础上，部分先行的中国婴童企业率先开始了全新发展阶段。随着消费群体的需求升级，它们积极顺应制造业发展趋势，在结构调整的“新常态”下，开始了智能化转型。

爹地宝贝是中国自主纸尿裤领军品牌，在纸尿裤领域成功占领市场。其智能化转型，主要表现在两个方面：

一方面，率先在婴幼儿纸尿裤领域推行“互联网+”概念，持续不断地在信息化整体提升工程以及“互联网+”建设上加大投入。

另一方面，率先打造纸尿裤智慧样板工厂。2017 年，爹地宝贝打造婴幼儿纸尿裤领域首个样板工厂。该工厂启动全厂闭环供应链自动化生产，向消费者输送更多高品质产品。爹地宝贝样板工厂的成功建立，可以说是中国纸尿裤品牌传统制造向中国智造转型的成功典范。

这两个“率先”助力爹地宝贝走向国产纸尿裤领军品牌的位置，也充分展示出爹地宝贝在纸尿裤领域的标杆作用。

为了推动像爹地宝贝这样致力于探索新生产方式的企业，各地方政府也提供了很多助力。比如，湖南长沙的英氏孕婴童产品产业园。英氏孕婴童产品产业园努力率先开启“智能化”生产模式，力求将信息技术与自动化生产整合起来，打破信息不对称壁垒，从而让生产更加透明可视，同时也大大提高生产效率和产品合格率。

这些智能工厂一旦建成，将大大提升企业管理能力：“工人进车间就知道今天要生产什么、生产量、设备状态，以及生产过程中如何防错、控制质量、物料运送、库存、能源消耗、人工成本，甚至今天这家工厂的盈亏等。管理者今后可以不必去生产一线，只要通过移动终端，或者在办公室的大屏幕上就能随时掌控生产，进行决策。”

可以说，时代在变化，生产方式也在变化。婴童产业每个从业者时刻要做的一件事就是：让生产方式更有助于运用人、机器、物料、方法、环境，实现最有效的组合，以达到最有效的产出，创造最理想的状态。

第 3 节　品牌建设

当我们谈论童车的时候，总会对好孩子、康贝如数家珍；当我们提起奶粉的时候，又会对惠氏、雀巢、美赞臣脱口而出……在同等价位下，我们往往会选择更加出名的或自己更为熟悉的品牌。消费者记住的是这些产品本身吗？不，消费者记住的是产品背后的品牌。因此，建立品牌，维护品牌，自然成为婴童企业获得长远发展的一项核心能力。

1. 品牌的价值

美国资深营销专家 Jill Griffin 认为，顾客忠诚度是指顾客出于对企业或品牌的偏好而经常性重复购买的程度。这句话表明了构建品牌的重要战略意义，即获得足够数量的忠诚客户，他们构成了企业的优势地位和竞争边界。

➤ 顾客忠诚度

品牌为什么重要？彼得·德鲁克用一句话道出了原委："21 世纪的组织只有依靠品牌竞争了，因为除此之外它们一无所有。"品牌之于公司，就像名字之于个人。两个人初次见面、打招呼，一定是以介绍姓名为起点。没有品牌的公司，做得再好，也只是"为他人作嫁衣裳"。但是，这样的现象在中国比比皆是，因为企业的数量要远远大于品牌的数量。

苏州某个厂家贴牌生产了全世界 63% 的鼠标，一个鼠标的出厂价格是 25 ～ 30 元人民币，而贴上国外品牌，在美国的销售价格高达 28 美元。

耐克从我国制鞋厂花 120 元人民币买走一双运动鞋，打上耐克的标签，销售价格一下子就窜到了 700 多元。

这样的例子不胜枚举，我们看到，没有自主品牌的公司，不仅在知名度和顾客忠诚度上毫无优势，而且在话语权和产品利润方面也处处受到钳制。

2010 年以后，在婴童行业中，中小企业的经营面临利润空间被大幅压缩的困境，前景堪忧；而一些优势企业在长期经营过程中逐渐形成了自主品牌，产品具有较强溢价能力，受到负面因素的冲击相对较小。随着中国消费者意识的觉醒，品牌问题逐渐被大多数企业所重视。

在过去几十年，绝大多数中国的婴童企业都充当着世界加工厂的角色。它们生产出来的产品，大多数被运到欧美等国家贴牌后高价售卖，也有一些作为无名氏直接进入到国内市场，在批发市场和街头巷尾被消费者挑挑拣拣。

不过，按照当时的消费水平，大多数中国消费者也只能负担得起这样的产品，人们对品牌没有概念更无执念，一件产品能用且便宜，便已满足其需求了。

后来，随着生活水平的提高，这些“没有名字的产品”不再是消费者的首选，“品牌产品”成为消费者选择的一个重要方面。尽管我们制造了很多很好的产品，但是它们并没有机会走到消费者面前，这导致很多人去美国、日本买回从自家门口生产后再到国外贴牌的产品。

工厂里生产出来的叫产品；而消费者拿到手的是品牌。两个产品也许会一模一样，但它们因品牌而“认同感”不同。产品是极易过时和落伍的，但成功的品牌却可以经久不衰。品牌因此被赋予了挽留消费者、增加顾客忠诚度的战略意义。

的确，一个好的品牌，对消费者的拉动和聚拢作用是相当明显的。比如，从世界玩具格局来看，美泰集团在婴幼儿玩具、娃娃、模型车、可骑玩具车四个细分领域都占据龙头地位，这当然要归功于其旗下一系列玩具品牌——芭比娃娃、费雪、风火轮、玩具总动员、汽车总动员、托马斯和它的朋友们、朵拉、火柴盒等。但是，品牌也并不意味着 100% 顾客忠诚度。

➤ 品牌局限性

随着移动互联网的发展，品牌的建立和传播有了不同于以往的新面貌和更多的想象空间。但是，随着消费需求的持续升级，消费者对同一品牌的聚焦和忠诚度与过去相比开始大大降低。这一现象的发生，让我们不得不从品牌的本质出发，思考品牌与顾客需求之间的关系。

毫不夸张地说，过去的品牌在消费者眼中是高高在上的，强势品牌甚至不需要顾忌消费者的情绪感受。但是，在消费升级和个性化彰显的时代，品牌的价值不再是广告赋予的，而是消费者赋予的。因此，很多母婴品牌的沟通，都是在讲述普通育儿生活的情景，让消费者感觉“这就是我的生活”。切身的环境体验让品牌与消费者之间产生价值观和情感的共鸣。

顾客对品牌本身的要求越来越高，产品只有能够始终契合顾客的需求，才更有利于保持顾客的忠诚度。比如，当其他企业的产品能够与市面上的爆款产品形成关联，而原有的品牌产品不能形成关联时，那么就很有可能因此失去顾客忠诚度。一个典型的例子是《赛车总动员 3》和《速度与激情 8》在关联“风火轮”轨道上的决策。

《赛车总动员 3》是皮克斯和迪士尼联合打造的超级 IP。但是，它在中国市场的票房却不到 1.2 亿，而从淘宝、天猫、玩具反斗城、孩子王等线上线下玩具销售网点出售的衍生品并未达到预期的销售额。为什么这个超级 IP 未能在中国市场引起强烈的反响呢?

一位家长这样说道:“其实决定小朋友会不会想要一款玩具或者周边,最主要的原因是在于周围有没有小朋友认识这个角色,或者说,关键在于能不能拿出去炫耀。”而在中国家庭中,孩子们玩得最多的赛车类游戏是美泰出品的“风火轮”系列,如图 5-4 所示。在游戏中,通过发射、跳跃、入框得分,最后看谁得分高谁就赢得比赛,技巧性和竞技性非常强,有百玩不厌的乐趣。

图 5-4 “风火轮”系列玩具产品

而当时恰恰因为风火轮的流行,很多家长和小朋友在准备购买《赛车总动员 3》合金小车时都会关注其是否能与风火轮的轨道兼容。令人遗憾的是,这些合金小车并不兼容风火轮的轨道,这使很多家长和小朋友们的购买欲望大大降低。

而在此前环球影业出品的《速度与激情 8》电影上映时,这部真人电影曾推出了相应的风火轮合金小车,在小朋友的朋友圈中掀起了一股“速 8 热”。而《赛车总动员 3》却并未考虑关联用户的使用场景与社交属性,其市场反响平淡也是可预料的。

我们必须认识到，品牌是增加顾客忠诚度的有效手段，是企业和消费者互动的结果，无人认同的品牌是毫无价值的。从这个意义上说，顾客忠诚度不只是一个数据、一个指标，而是我们定位品牌价值和塑造品牌的一个角度。

2. 品牌的建设

建设品牌的过程，是经营者理解用户、理解人性、理解消费欲望和诉求的过程。行业引领者一定是那些能够最大程度地理解消费者需求的品牌。那么，这些品牌是如何将用户留住，又是如何将竞争对手排除在外的呢？这就需要进行品牌建设。品牌建设是指品牌拥有者对品牌进行的设计、宣传、维护的行为和努力。品牌建设的利益表达者和主要组织者是品牌拥有者 (品牌母体)。

➢ 专注细分市场

几乎所有婴童产业从业者都希望能够设计出一款婴童产品或提供一种服务，能够赢得所有用户的喜欢。但是，这是一种非常不现实的“妄想”。事实上，没有任何一家企业可以囊括和满足整个婴童市场的所有需求。而明确自己要专注的细分市场，是品牌建设的前提。

（1）细分市场

在实践中，成功的品牌建设者大多选择了一种较为有效、难度较低的做法：从小众市场突破，聚焦细分群体，关注小圈子的需求。

在娃娃领域与美泰竞争的 MGA，依靠贝兹娃娃，迅速跻身全球最大的私有玩具制造商，一度抢占了 40% 的娃娃市场份额，成为美泰最大的竞争对手。而相比于芭比娃娃，贝兹娃娃晚出道 42 年，这个后起之秀是如何挑战行业龙头的呢?

贝兹娃娃给出了答案:做个野丫头。

在碧眼金发、优雅高贵的芭比娃娃中间,贝兹娃娃(如图 5-5 所示)叛逆的外形、多变的尝试更加贴近现实,也更吸引眼球。一位七岁的消费者说:"芭比是公主,贝兹是野丫头,两个都应该要。"

此外,MGA 也善于抓住小众消费者的需求,2012 年,美泰拒绝了一位癌症母亲"设计一款秃头芭比"的建议,而 MGA 之后却迅速推出了秃头贝兹娃娃。

图 5-5 MGA 推出的贝兹娃娃

贝兹娃娃的成功说明了,即便是一个有影响力的品牌,也是从服务小众群体开始的。而一旦这一产品或服务成功了,那么这个品牌也就有了成功的开始。

(2)形成口碑

接下来,品牌建设者将开始针对小众群体中的第一批用户提供极佳的服务。营销管理学上有这样一个发现:用户习惯的获取越来越依赖于小圈子中的"意见领袖",消费决策开始遵循"5% 人群模式"。也就是说,如果产品能够吸引到第一批优质客户,就会让更多的潜在客户缩短决策流程。

在过去,品牌建设往往寄希望于以广告营销的方式,先用大网捕捞海量用户,然后再在产品老化中不断面对用户流失;而现在,品牌建设是从服务好一位用户开始,力求做到极致,使之满意,甚至感动,而后借助口碑效应吸引更多有相同价值观的人加入忠诚客户群。

也就是说,如今的品牌成长并不在于如何让自己"一口吃成胖子",而在于如何吸引到第一批人，并让他们心甘情愿地将自己的喜欢传递给下一批人。在这一点上，专注儿童自行车领域的优贝做了极佳的示范。

优贝深谙互联网营销的逻辑。它没有采取传统的广告式营销，这是因为，儿童自行车不是快消品，而是耐耗品，这就意味着买自行车是一个低频行为——不能过多地打扰消费者，否则就成了“骚扰”；只有当消费者需要的时候，再给他们想要的一切信息。

那么，消费者又是如何知道这一品牌的呢？不做广告真的可行吗？这就要归功于优贝富有特色的外形设计与色彩搭配了，如图 5-6 所示。

图 5-6 优贝童车

从优贝童车的设计来看，时尚大气、奢华低调，取自欧美的运动风格，让消费者只需一眼便被征服。于是，产品本身成为一个卖点，让上一个消费者成为下一个消费者的广告，取得了很好的宣传效果。

因此，品牌打造者必须关注特定人群，面向他们构建产品的推广路径，用内容带动口碑。在这里，内容不仅仅是对产品本身的解读，更要有对用户需求的全方位触达。

➤ 创造消费体验

品牌到底是什么？有人说，品牌是一个商标；有人说，品牌是一种象征。广告大师大卫·奥格威说："品牌是一种错综复杂的象征。它是品牌属性、名称、包装、价格、历史、信誉、广告方式的无形总称。品牌同时也是消费者对其使用者的印象，以其自身的经验而有所界定。"

由是而观，从最初的一个产品就能代表一个品牌，到现在品牌成了包含市场营销、消费者预期、情感影响、生活方式乃至文化信仰的集合体，"品牌"这个字眼显然被赋予了更多的内涵和外延。

（1）品牌创造体验

品牌不单单是一件产品或一项服务，而是一系列的事件。当一个人享受一个品牌，意味着他参与了一个过程、一个情境，最终获得带有深刻烙印性的、有趣的体验。

> 迪斯尼老板有一个令人印象深刻的主张，他认为他提供的是"快乐"。也就是说，他提供的不是产品、不是服务，而是"快乐"这种体验。
>
> 乐高：致力于推动儿童发展，旨在通过富有创意的玩乐和学习启迪和培养未来的创建者。
>
> 美泰：芭比娃娃不单单是一种玩具，而是一种时尚，一种生活方式。

无论是启迪智慧、释放天性，还是引领一种生活方式，这些品牌都在试图跟用户交流、对话，激活一个场景，塑造一场体验。

值得注意的是，品牌带来的体验——不是品牌自己说什么就是什么，而是让消费者切实地感受得到。“体验”听起来很虚，但它是真实存在的。在这个物质越来越丰富的世界里，人们更愿意为独一无二的体验买单。

（2）用心设计体验

那么，应该如何设计好一场体验？在这个过程中，品牌如何触发消费者？

在乐友嘉年华，活动现场有丰富多彩的舞台表演、亲子游戏与体验活动，增进了家长与孩子之间的交流与感情，也让孩子们在欢快玩耍中收获知识与亲情。

孩子王中国童玩节在门店举行文艺汇演，通过亲子互动、舞台剧、舞蹈展示、模特走秀等形式多种多样的活动，增强现场体验。

在六一前夕，托马斯和勇宝亮相上海，浦东新区陆家嘴中心绿地被完整还原成了“多多岛”，小朋友们在熟悉的百灵顿码头、纳普福特火车站、提茅斯机房中进行一场奇幻的冒险。整场热闹非凡的启程盛典将各个活动以精妙绝伦的表演和互动环节一一呈现，传递托马斯和朋友们关于友谊、团队合作的正能量。

体验是随时随地都存在的。在这个数字化时代，消费者购物的路径发生变革，品牌需要管理的交互接触点也大大增加，更多的时候，交流和沟通不是发生在线下，而是在线上。

优贝在天猫旗舰店的入口显示可谓花尽心思，插入一系列场景设计，再配以形象生动的对话（如图5－7所示）：“有动静，会不会是美人鱼”“等了1小时了，谅他们也骑不到山顶”“要赶在妈妈下班前，把窗帘挂回去”“帮你摘下来，你得同意加我”……

图 5－7　优贝童车店铺首页图片

一个顽皮、机灵、鲜明的形象跃然纸上，而优贝的产品与沙滩、山顶、草丛、树林等元素形成一幕幕人生片段，既有对产品功能的印证，又体现了放飞自我的十足野奢调性。

因此，一个好的故事，本质上是创造一种可供体验、在熟悉基础上略高端而陌生的小世界，每个细节都在诠释着品牌的价值理念与核心诉求。在优贝为孩子创造的世界中，自行车产品只是一项道具。优贝利用童车提供了一种消费情境，通过用户的参与，给他们留下了美好的体验和感受。

未来经济学家阿尔文·托夫勒在《未来的冲击》中写道："未来经济将是一种体验经济，未来的生产者将是制造体验的人，体验制造商将成为经济的基本支柱之一。"在这一方面，顶级品牌始终游走在未来与现实中间，它们的做法给我们带来一定的启示：只有不断创造独特的体验，用户沉淀才能水到渠成。

➤ 品牌持续维护

在这个安迪·沃霍尔所说的"每个人都能红 15 分钟"的时代，打造品牌似乎变得比以往更加容易，但同时我们也看到，太多网红店瞬间火爆却又顷刻归于寂寥。市场需求不是一成不变的，市场需求的变化，过度扩张产品线，都可能会稀释甚至贬损品牌价值。因此，品牌绝不仅仅是靠着几款畅销产品就能持久的，而必须要经过系统、有效、持续的维护。

举个例子，很多人对好孩子从校办工厂转型的逸闻趣事津津乐道，但却未必意识到，好孩子作为一个品牌，它的管理不只是设计原创产品这么简单，其品牌维护也是通过一个系统的设计来实现的。

好孩子的品牌维护，大致从资金投入、人力资源、销售渠道以及组织机构四个方面来展开。

第一，资金投入为品牌发展提供最基本的财力保障。集团在资金上的倾斜让好孩子在创新研发方面有了丰厚的物质支撑，同时建立了安全实验室，确保品牌质量。

第二，好孩子不断完善选人、用人、留人、育人的管理机制，一方面引进并留住有专业背景的人才，比如集团先后针对品牌营销、品牌推广、品牌时尚设计招募总监，其中品牌新标识的设计者玛莎就是集团总裁亲自面试来的；另一方面开展针对性的品牌业务培训，让全员受益。

第三，通过与国内行业中最具实力的经销商合作，建立了覆盖全国的销售网络。好孩子还通过提供独一无二的创新研发、高品质产品制造和服务价值，与国际主要品牌商、地区最强的代理商建立起了长期稳定、互利互惠的战略关系，助力品牌占领国内外市场。

第四，随着品牌的升级，好孩子集团于 2010 年设立了品牌管理中心，承担了品牌战略规划、执行、研究、监控、公关等责任。

当然，品牌维护还是一个动态的过程。在企业发展的不同阶段，品牌管理需要不同的策略。比如，在品牌初创阶段，往往需要很多资源和资金，但是品牌效应却往往并不理想，几乎每发展一步都需要耗费极高的成本。然而，好孩子在这个阶段又是如何运作的呢?

面对国外市场成熟的消费群体与销售渠道，集团创始人宋郑还说：“我们开创了一种新的模式”——借助国外大品牌的影响力和销售渠道。具体地说，在合作方式上，使用合作方的品牌或与合作方创建一个新的联袂品牌，由好孩子进行产品的整体设计和供应链的整合，合作伙伴负责产品的销售，依靠当地资源，直接建立起信息系统和销售团队，产品自主知识产权归好孩子所有。

如今，好孩子已携手 20 多个世界一线名牌，如 Nike、Maxi-Cosi（欧洲高端汽车安全座椅和婴儿车品牌)、Quinny（欧洲高端婴儿车品牌)、Silver Cross（英国高端婴儿车品牌）以及 Philip Avent、Mothercare、Cosco 等世界知名的母婴用品品牌。当初“借力打力”的品牌建设策略使好孩子避免了被整合的命运，并成为婴童产业中的领军型企业。

从本质上来说，受人尊重的品牌必然是那些时刻对客户需求保持敏感，且忠于自身核心价值观的品牌。而在万物互联的今天，我们必须重视品牌资产的价值，能够基于对顾客忠诚度的维系，为客户设计一种舒适的、与众不同的体验，方能水到渠成地为企业维持现有客户，增大客户规模，进而实现品牌资产的持续增值。

第 4 节　跨界之路

跨界经营是企业从现有成功的领地向外扩张的一种有效的实践模式。它意味着两种模式以互补的姿态，彼此渗透，互相融合，并由此形成一种新业态。目前，跨界的种类非常多样，产业链纵向整合叫跨界，行业内横向拓展叫跨界，市场的垂直延伸叫跨界，线上与线下融合叫跨界，“互联网+”叫跨界，两个不相干的公司联合推出优惠券也叫跨界……跨界已经无处不在。

1. 全新的生存业态

在婴童产业中，跨界早已不算是新鲜事，越来越多的企业开始借助“跨界”，来向消费者诠释一种新的生活方式或者再现一种综合消费体验，以期为企业拓展更宽广的发展路径。

➢ 跨界经营与 IP（知识产权）

很长时间以来，中国婴童产业一直处于单一模式的发展困境之中——做娱乐的收门票，做教育的收课时费，做动漫的坐等电视台播放，等等。然而，在全球快速变革的浪潮之中，这种单一的组织管理范式和实践所受到的局限性越来越大，孤立的组织思维已经越来越难以在激烈的市场竞争中脱颖而出。而且，企业的规模越来越大，行业之间的关联变得越来越密切。在这样的形势下，企业经营与发展战略开始倾向于通过跨界来获益。跨界代表着突破固有的边界，是一种大胆尝试、突破传统、开拓创新的理念。

在婴童行业，婴童企业借助自己的品牌价值，开展多元业务、跨界经营的现象已经不再新鲜；而立足自身核心能力，切入泛娱乐板块，与相关行业合作开发衍生产品，亦成为一种常见的合作模式。

专业研发制作儿童游戏装系列产品的依爱夫，不仅将游戏与服装相结合，还创造了儿童室内游乐品牌伊佳林开心梦工场（IKALI Dreamland），为孩子们带来融角色扮演和情境创作于一体的特色体验。

广州市成美创意文化传播有限公司（以下简称“成美创意”）跳脱了传统玩具行业，在体育、旅游板块开疆拓土。从中超联赛切入，与包括恒大、上港、富力等六支中超球队开展深度合作，为它们开发周边产品、吉祥物衍生玩具等；与长隆集团和万达集团等签订战略合作伙伴关系，参与包括广州、珠海长隆及清远最新旅游项目的产品开发，配合协助万达乐园的衍生产品开发。随着成美创意的产品与明星一起出现在影视作品中，其产品已经取得了一定的市场热度。

在上述案例中，既有“童装＋游戏＋室内游乐场”的跨界，也有“玩具＋体育”或“玩具＋旅游”的跨界，尽管不能概括全貌，但是一个明显的趋势是，它们无一例外地指向了泛娱乐这一跨界方向。

泛娱乐是基于互联网与移动互联网的多领域共生，以 IP（知识产权）为核心，进行跨领域、跨平台衍生的“粉丝”经济。其中，IP 可以是一个故事、一个角色或者其他任何大量用户喜爱的事物。随着近年来 IP 概念越来越火爆，泛娱乐化产业的发展也越来越受到资本和媒介的关注。

泛娱乐是互联网和“粉丝”经济的产物，它之所以被婴童行业重视，并相继作为企业的发展战略，无外乎“好玩”二字。可以说，泛娱乐的核心价值与婴童经济的本质要求是非常契合的。

被动漫圈内人士称为“A 社”的奥飞娱乐近年来动作频繁，2012 年和孩之宝签署战略合作协议，2014 年收购了“倒霉熊”在亚洲及其他一些地区的著作权，2015 年收购“有妖气”母公司。可谓“醉翁之意不在酒”，毕竟它有迪士尼的经验在先——《赛车总动员》的电影票房大约在 4.6 亿美元，而其全球衍生品周边的零售总额在 2011 年就已突破了 100 亿美元，仅次于《星球大战》系列。

对于奥飞娱乐来说，这一商业模式早就让它尝到了甜头。从 80 后印象最深的玩具广告“奥迪双钻，我的伙伴”到《火力少年王》的播出，其旗下产品四驱车和悠悠球成为风靡一时的产品，近期奥飞娱乐推出“超级飞侠”水杯、餐具系列产品，更印证了其产品 IP 化的发展趋势。

事实上，奥飞娱乐的做法正是以 IP 为连接，泛娱乐全产业链为后盾，通过推动 IP、玩具、婴童、动漫等产业相互融合，进一步扩大了儿童产业的覆盖面，强化了其在婴童市场的核心竞争优势。

奥飞娱乐旗下的超级 IP 创造了跨界成功的典范。这也给我们一点启示：婴童产业跨界泛娱乐经济的成功关键，便在于打造一个成功的 IP。而目前较为成熟的跨界模式，莫过于“IP +衍生品”的有机整合。

➤ IP 产业价值链

美泰作为美国最大的玩具公司，在 70 多年的发展历程中建立起了一系列独特的明星品牌和超级 IP。时至今日，美泰旗下核心玩具品牌表现依旧抢眼，而且美泰在与迪士尼、华纳兄弟等合作中，通过借助它们的经典 IP 形象及在电影方面的持续影响力，使得自己的玩具品牌、形象与时俱进，使得公司产品一直保持较高热度。

在相对成熟的美国玩具产业中，存在着一条以内容为驱动的产业价值链（如图 5 - 8 所示），并由此实现了玩具和游戏、动漫、影视之间的跨界。

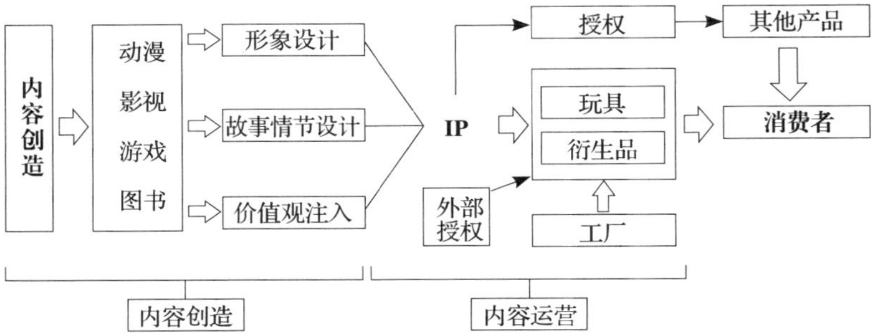

图 5-8 “IP +衍生品”的产业价值链

迪士尼在创造 IP 以及内容变现方面成绩斐然。迪士尼有自己历经数年打造、沉淀下来的超级 IP，有动画片、主题乐园、卡通周边等。据不完全统计，目前迪士尼全球有 3 000 多家授权商，销售超过 10 万种与迪士尼卡通形象有关的产品。迪士尼的衍生品变现收入达 55 亿美元，占全部营业收入的 10% 左右。

事实上，在玩具及其他衍生品变现的整条价值链中，IP 的拥有者利润丰厚，其中一个重要的原因就是多轮次变现的实现，如图 5-9 所示。

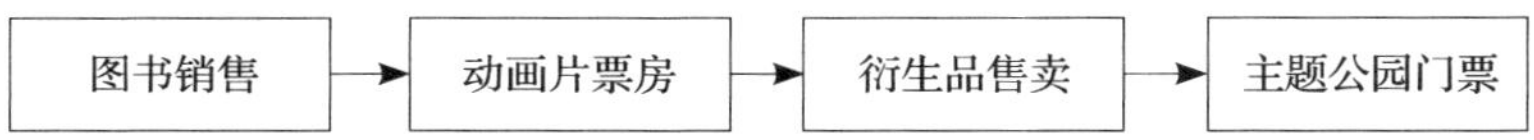

图 5-9 多轮次的变现途径

在这样的商业模式和产业价值链运作过程中，有三个问题非常值得重视。

（1）产品的热销极大地依赖于 IP 的生命周期，而 IP 的生命周期又具有鲜明的大片效应。比如，变形金刚电影的上映，极大地促进相关产品的销量。也正因为如此，授权 IP 的热度一旦消散，其衍生品的市场价值也会随之迅速降低。

（2）授权 IP 代理商处于弱势地位，可能因被品牌商战略调整而被替换。比如，天络行曾经是品牌授权管理商，2009 年，天络行顺利拿下了国产动画《喜羊羊与灰太狼》的 IP，并把这个 IP 运用到各式各样的产品上，喜羊羊变成了“印钞机”。这项合作为天络行创造了 90% 的营收。但是，一年半之后，喜羊羊母公司被意马国际收购，天络行就此失去了代理权，而其辛苦建立的喜羊羊授权也自此被收回。

（3）大多数国产 IP 变现困难。大量成功的案例，让不少开发者不切实际地想象：任何一个形象、一个故事或者一部动画都可以打造 IP，通过设计衍生品大把赚钱。于是，人们开始忙着做授权，各路资本大量进入，各种 IP 活跃于影视、文学、体育、游戏、动漫甚至表情包等领域。特别在动漫界，因得益于国家相关政策的扶持，新 IP 多不胜数。但是，这种数量膨胀并未从质的层面实现大规模突破，大部分国产 IP 变现举步维艰。

变现困难主要基于两个方面的原因：一是从业者急功近利，这导致很多 IP 的内涵设计不足，短期内便会出现生命透支；二是 IP 属性的拓展不够丰富，目前仍然集中在“动画片放映”和“衍生品售卖”环节，缺乏多层次的娱乐文化消费体验。这两点导致中国婴童产业难以成功构建出真正的超级 IP。

这也给了我们一个有益的启示：不能让 IP 局限于一个单薄的形象，更要看能否跨界、能否变现。

> 2017 年，木玩世家投资拍摄了《嘟嘟镇》52 集定格木偶动画片。为了将动漫形象尽快转化为木制玩具产品，开发新的市场，公司还制定了年产 100 万套动漫形象衍生木制玩具成果转化的目标。目前国内将木质玩具与木偶动漫行业结合及产业化的企业尚无范例，木玩世家此举将为玩具企业跨行业转型升级作出领先示范。

事实上，每一家婴童企业都有必要摸索出一条成熟的 IP 运营体系与商业模式，彻底打通跨界与变现的路径，如此才有可能建成一条完善、成熟的产业价值链。

2. 跨界的内在规律

毫无疑问，跨界打破了企业的边界，提供了一条二次加速的成长路径，让企业有机会创造出一片新的生存空间。当然，进入全新的领域，也意味着陌生与风险，有的企业得以华丽转身，而有的企业却触礁沉船。

仔细分析一下那些成功或失败的案例，不难发现成败的背后具有一些共通或相似的规律。对于企业主体来说，如果能够遵循一定的规则，避免战略性错误，无疑会增大成功的概率。

➤ 盲目跨界的风险

如今，跨界已经成为常态，甚至是一种潮流：万达养猪，狗不理包子混搭咖啡，联想种蓝莓，钢铁企业把“非钢铁业务”上升到公司战略高度，地产公司进军高端饮用水市场……人们寄希望于通过跨界实现业绩的飞跃、企业的转身。但是，并非所有努力跨界的公司都取得了预期的效果，比如群兴玩具公司。

群兴玩具作为国内最大的自主品牌电子电动玩具企业之一，曾经于 2015 年年底试图跨界收购核能企业——三洲核能，但是这场收购于 2016 年终止，跨界核军工的重组计划最终泡汤。

值得注意的是，这并非群兴玩具第一次跨界重组。2014 年，群兴玩具便拟以溢价 23 倍、14.4 亿的价格收购星创互联 100% 股权，后者是一家连续两年亏损的手机游戏研发企业。但是，最终未获证监会审核通过。之后，群兴玩具又瞄准了设计、生产、销售动力电池系统的时空能源。但是，这次跨界能否一扫前两次折戟的阴霾，还是一个未知数。

一家做玩具的企业，为了“借助资本市场以参股或并购优质企业的模式迅速提高公司盈利水平和综合实力”而盲目进军手游、军工、新能源。且不说前两次并购没有实现，即使事成，也只不过是一个物理变化，很难对企业未来的转型升级产生真正助力。

的确，跨界是商业社会的大趋势，但不可否认，许多跨界其实只是不明就里的跟风。很多企业正在进行不同程度的跨界尝试，然而其中很大一部分企业只是为了跨界而跨界，也不乏许多被动跨界的身影——它们既不懂得跨界的规律，也不晓得跨界的风险。大家打的如意算盘无非是：行业利润空间被挤压，行业受到互联网公司的颠覆，竞争压力越来越大，于是不得不跨界，跑到别的领域找饭吃。

其实，这不是跨界，而是转行。这样的“跨界”最终往往会以失败而告终。因为一旦进入一个全新的行业，意味着完全陌生的竞争环境与用户群体。隔行如隔山，每个行业有每个行业的运作规则。我们不能奢望自己在当下领域的成功可以轻易复制到另一个领域中去。否则，出身豪门的恒大冰泉也不会在资金、产品、传播推广都具备很强实力的情况下拿到一张亏损几十亿的成绩单。

➢ 跨界思维的模式

每一位跨界者都希望借助跨界赢得商业成功，但是最终的结果往往各不相同。为什么美泰、迪士尼的跨界能够大获成功，而有些企业的跨界却不得要领？跨界到底是一种精美的说辞，还是系统的磨合？我们应该具备怎样的跨界思维，才能最大限度地避免失败的可能？

（1）产业属性相似

如果产业属性是相似的，那么跨界就会相对容易——因为产业运营之间可能存在互通之处，在经营方面可以由此及彼，有所借鉴或加以转换。

乐悠游儿童游乐（深圳）有限公司的创始人之一戚宁是从零售业转到儿童游乐业的，可谓跨界较大。他认为，不管是零售业还是儿童游乐业，从本质上来讲都属于服务业，比如他在从事零售业时比较关注门店运营、采购、服务细节等，很容易看到服务业存在的问题或不足。这种服务视角同样可以转移到儿童游乐业，在看到儿童游乐业中其他竞争对手表现出的不足时，他很容易地认识到自己应怎样做，从对方的劣势之处发力，反而可能成就自己的优势。

乐悠游能够跨界成功，在很大程度上是基于其对产业属性的准确把握，以及对服务性质行业的丰富经验积累与迁移。

（2）业务互相关联

有些跨界看上去是“不务正业”，实则背后隐藏着缜密的战略布局。这种深层布局其实是一个能量和价值逐级传递的生态系统，副业和主业看似毫不相干，实则暗中帮衬、环环相扣，最终实现用户黏性和企业影响力的提高。一个典型的例子就是横跨“轮胎制造”与“餐厅评价”两界的米其林集团。

“轮胎制造”与“餐厅评价”这两项业务的行业跨度之大令人咋舌，以至于很多人一直以为它们的重名是个巧合。令人困惑的是，米其林为何在做轮胎的同时，又要为米其林餐厅评分？

其实逻辑很简单。为了提高轮胎的需求量，首先就要提高汽车的需求量。怎么提高？当然要鼓励大家出门远行——其选择的方式就是告诉人们“远处有更吸引人的好吃好玩的地方”。就这样，第一版《米其林指南》在 1900 年问世，免费发行了 35 000 册，指南的内容包括旅行小秘诀、加油站位置、地图和更换轮胎的说明书等。接着，米其林兄弟发现人们对于餐馆的指南很感兴趣，于是就雇用了一批匿名调查者，去光顾各大餐厅并给出评价。1926 年，米其林有了自己的星级标准；1931 年，这一评级系统开始启用 3 星，并以极高的公信力成为评定餐厅和大厨的权威机构。

这样的跨界可谓经典。企业如果看不透内在的业务逻辑，盲目模仿，就会导致学得来架子、学不来内在的运行逻辑。忙活半天，左一脚、右一脚、深一脚、浅一脚，看似每个领域都有所涉猎，但是各个业务之间毫无关联、彼此分散，无法实现能量的交换与传递，摊子铺得过大，反而没能形成合力。

米其林在守住核心竞争力的前提下去跨界，而后紧扣目标消费者的需求，通过融合不同的元素，给潜在消费者提供更多更新奇的体验，并努力让消费者形成一种趋向以米其林企业文化为基础的全新生活方式——“把生活过得更有质感”。

可以这样说，跨界行为并不是一件随意的事。表面上看，似乎只是从一个行业跨到另一个行业，从一个产业跨到另一个产业，但从根本上来说却是对用户诉求的关注与紧密契合。一致的消费群体、一致的生活方式、一致的品牌理念，在业务上既有关联性又有互补性……唯有基于这样的前提条件去跨界，才能真正实现无缝对接、无障碍融合。

（3）业务支持与资源匹配

乐高与学术圈的联姻是跨界的一个成功案例。2015 年，牛津大学与乐高合作创办的乐高研究中心正式开幕，另设“乐高教授”一职，率领研究中心团队着重研究玩在教育、个人发展及学习过程中所起的作用。

乐高这一跨界行动的目的并非简单地做研究，而是为自己的产品找到更多正面的科学理论支持，以便吸引更多的人购买产品，这才是乐高的真正意图。牛津大学的背书，会使乐高获得更权威的理论保障。而当家长们发现乐高玩具的不仅快乐，还富有科学性和学术感，那么无疑会使得家长们对孩子玩乐高给予更大的支持。

此外，乐高除了与牛津大学进行跨界合作外，还与剑桥大学、清华大学等高等学府跨界合作，资源上可谓门当户对。这也正是我们需要强调的，跨界合作的两方必须有对等的资源匹配，这样才能产生品牌的叠加效应。

需要注意的是，跨界的正确思维在于守正出奇，而不是出其不意。企业必须先找到自己的核心竞争优势，而后抓准能够互相支持的业务作为跨界领域，这样的跨界才有更大的成功可能性。

第 5 节　资源整合

婴童行业所处的环境充满了变化，如何在充满竞争和不确定性的情况下去满足顾客的需求？如果只是拘泥于企业内部的技术进步和产品研发，而不懂得整合外界资源，为我所用，那就相当于闭门造车，很难适应时代的发展和满足市场的需求。因此，对于大多数企业来说，资源整合是需要具备的一项核心能力。

1. 整合思维与模式

资源整合很大程度上是产业链的整合，每一位从业者都应该树立这样一种意识：从生产商、供应商到零售商，无论是产业链上的哪个角色、哪个环节，其实都是在做服务，都是整个服务体系的一部分。

➤ 整合与被整合

整合的本质是对分离状态的调整、协同和一体化。产业链整合是通过调整、优化相关企业关系使其协同行动，从而提高整个产业链的运作效能，最终提升行业竞争优势的过程。在实施有效整合之前，我们必须关注两个主体：整合者与被整合者。

（1）整合者必须具备整合意识

整合意识和整合思维是资源整合的前提。要知道，任何一家企业的资源都是有限的，任何一家企业的力量都是渺小的。如今的市场环境要求不同的企业之间既要做到“术业有专攻”，又要学会资源协同与共享。

（2）整合者明确被整合者是谁

供应商与制造商之间并不一定是相互碾压、你上我下的关系，从一个更大的视角来看，无论是供应商还是制造商，抑或是零售商，都是“一根绳子上的蚂蚱”，这根绳子就是产业链，如图 5－10 所示。

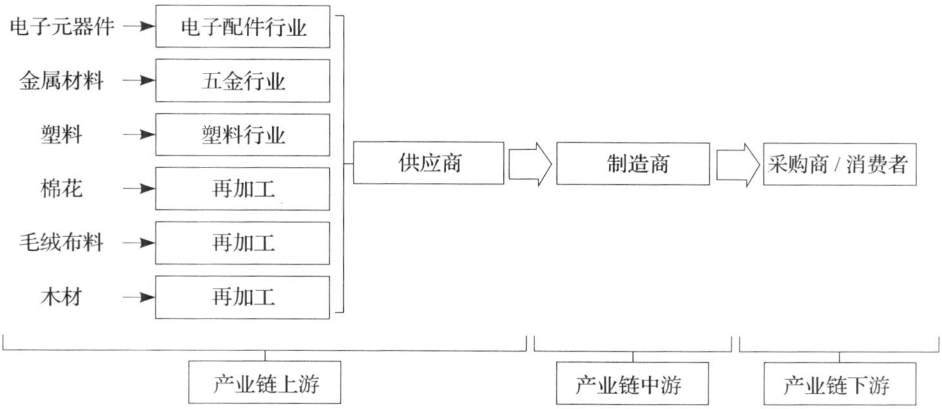

图 5－10　婴童经济的产业链示意图

实际上，需要被整合的是产业链上各个环节的全部资源、数据和信息。从消费端出发，所有相关企业都应该以“向顾客提供最佳产品和服务”为目标，互相配合、密切合作，从而实现最短时间响应、最快速度交付、最低价格供应、最优质量保证。未来的竞争不是企业与企业之间的竞争，而是供应链与供应链之间的竞争。而提高竞争力的关键就在于资源整合。

在目前的形势下，企业更要善于借助多方面的外部力量，通过各种平台进行广泛的行业交流，对互补式资源加以整合，以实现自身的发展壮大。

➤ 资源整合模式

老子曰："治大国若烹小鲜。""烹"是基于刀工、火候、调料与厨艺等多个方面的整合。婴童行业的发展也应有这种思维。那么，婴童产业应该如何进行资源整合，以烹出一席好菜呢？

一般而言，资源整合可以分为横向整合、纵向整合、平台整合、混合整合等多种模式。在实践领域，最典型的整合模式是前两种：横向整合和纵向整合。

（1）横向整合

我们知道，在中国婴童行业，一个企业甚至一个集团都很难掌控整条产业链，大部分企业都处于产业链中的某一环节。横向整合就是在整个行业产业链同一层面上获取、整合资源，形成高效的解决方案。

最典型的例子就是澄海，以及举全县之力打造木玩童话小镇的云和。这一模式适合现阶段中国的绝大多数产区，众多经营同类产品的中小企业以产业联盟的形式协同发展。不过从实践层面来看，如果能够借助政府或行业协会的力量来组织协调，将更容易取得横向整合的效果。

（2）纵向整合

对于实力较强的企业，可以进行产业链上下游之间的整合——企业从最初的产品设计、原料采购，到生产制造、物流配送以及最后的批发与零售，围绕整个价值链做垂直整合，又称纵向整合。

一般情况下，产业链的纵向整合有三个途径：一是往产业链的上游拓展，以增强企业原材料控制能力；二是往产业链的下游互补市场拓展，以扩大企业生存空间；三是整合具有较高品牌价值的产品，以提升企业竞争优势。

好孩子将美国顶级的百年老字号 Evenflo 收归旗下，同时全资并购德国顶级的年轻高端母婴品牌 Cybex，成功打开国外市场，一举成为全球范围的领袖企业和婴童行业的领导品牌。

好孩子的产业链垂直整合带来一系列好处：通过整合前端供应商，把握更多的成本控制筹码；通过产品研发和品牌塑造，摆脱对低端制造环节的依赖，增加产品和企业附加价值；打破外国品牌在定价策略上的垄断，增强市场竞争力。

纵向整合到了极致状态，便会形成一条全产业链。但是，在我国的婴童产区，却存在一条不一样的“全产业链”——许多企业都是“麻雀虽小，五脏俱全”。在资源有限而竞争激烈的今天，这种“全产业链”导致企业资源被分散而无法聚焦于核心业务，这对亟须业务拓展的中小企业而言并非好事。

事实上，对于中小企业而言，自己能否全能并不重要；重要的是，能否进入一条强大的产业链，并整合产业链上配套的优质资源为我所用。而对于龙头企业而言，纵向整合则能够进一步增强自己的控制力和话语权。

乐悠游儿童设施（深圳）股份有限公司虽然属于游乐场，但是其从创新的角度，对资源进行了整合。它采用持续的会员引流的入口，对会员资源进行深度挖掘和利用，使会员落地会产生更多价值。同时，还计划利用大数据和会员系统，推出线上电子商城售卖孕婴用品，进行线上线下整合，与众多的传统业态进行资源整合。这种资源整合思维与模式促使乐悠游得以快速发展。

不过，尽管产业链整合的优势不言而喻，但是庞大的产业链也会导致管理成本增加、利益纠葛复杂、创新与市场应变能力不足。除此之外，产业链整合常常会使企业在上下游均面临来自最优秀的行业对手的正面冲突，而且企业将承受整条产业链的经营风险，任何一个环节的波动都将对上下游造成影响。

所以，有效的整合必须从两个方面加以控制：第一，适合整合产业链的企业必须具有强有力的资金支持和抗风险能力，同时具有某一方面的显著优势，比如技术、资源或品牌优势；第二，资源整合的关键在于结成“利益共同体”，以共赢的心态，实现资源的有序、有效配置与系统集成，提高产业链整体竞争力。

在整合各类资源并打造产业链的过程中，有一个重点是婴童企业必须关注的，那就是：与供应商的协同。

2. 与供应商的协同

为什么要与供应商协同呢？作为产业链的上游环节，供应商对整条产业链影响重大，甚至直接关乎整条供应链的价值流动。在婴童产业中，我们经常看到：在缺乏龙头企业主导的情况下，众多低成本婴童企业很难与那些具有强大议价能力的供应商相抗衡。这也在一定程度上造成企业预期利润因供应成本难以控制而无法实现，企业终因供应商的支持不力而寸步难行。

➤ 赢得议价能力

婴童产品大多数是传统的轻工业制成品，涉及的原材料种类纷繁，包括毛绒布料、塑胶原料、金属材料、电子元器件等。这些原材料的价格和供应量对企业的获利能力影响极大。从整条婴童产业链来看，供应商的议价能力越强，作为供应商下游的婴童企业所能获得的利润就越少。

从 2010 年起，原材料价格涨幅明显加大，几乎到了失控的局面。2011 年，棉花价格从年初的 16 000 多元 / 吨上升到 32 000 元 / 吨，后又回落到 19 800 元 / 吨左右，甚至出现了有钱也买不到棉花的局面。面料、布料涨幅已经超过 30%，ABS、PP 等塑料原材料价格上涨了 20% 左右，纸箱、包装等涨价 10% 左右，涨幅之高、涨速之快令人咋舌。这一波原材料涨价潮对婴童企业的正常生产造成极大影响，许多中小企业甚至因为居高不下的成本以及整体下滑的销售价格而纷纷倒闭破产。

为什么供应压力如此之大，而婴童企业的话语权又如此微弱呢？这主要出于三个原因：第一，婴童行业中小企业所占比例较大，单个企业无法形成气候；第二，企业分散程度较高，产品单笔订单较小或分批采购，故缺乏与供应商讨价还价的筹码；第三，企业缺少核心壁垒，比如技术优势或品牌优势，不具备市场竞争力，在行业中支配地位较低。基于此，婴童企业的上游供应商掌握了极大的议价能力，以至于大多数婴童企业在成本和质量方面处处受制。

要想解决这个问题，企业必须努力与供应商之间建立共识，并围绕这一共识作出约定。澄海的玩具业在这方面的尝试值得借鉴。

在澄海，玩具生产企业与销售企业各司其职同时又密切配合。负责开发和生产玩具的企业虽然规模不一，但都是专门负责设计与生产。而贸易公司在澄海玩具产业中，扮演的角色就是一个“媒人”，它负责牵线搭桥，将前者生产的玩具远销至世界各地，如图 5－11 所示。

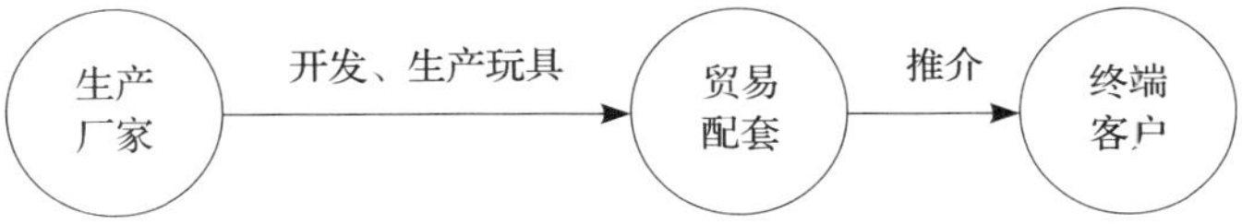

图 5－11 澄海玩具产业运作模式

玩具生产企业与贸易公司相互合作、相互促进，两者密不可分的“鱼水关系”形成良性循环，双方通过资源整合共同成长壮大。这也是澄海地区拥有全国最多上市玩具公司的重要原因。

当然，我们亦可以此为借鉴，向生产上游追溯，探求生产厂家与原材料供应商的资源整合的模式。一般而言，当企业各方将合作朝向更长远、更稳定和更大的利润空间时，这种资源整合工作往往会水到渠成。

➤ 供应协同模式

当企业与供应商在合作利益上做好了协商，那么接下来的协同工作便仅是技术层面的操作了。此时的供应商协同，从本质上来说更趋向于对供应链结构进行设计与梳理。

传统的供应模式仅仅是将供应商、制造商、分销商、零售商和客户依次联成一条线，限于点到点的物流和资金流动，一旦供应链中某个环节失灵或断裂，便可能会导致整个供应链的崩溃。在这种供应结构中，非常容易出现我们前面说到的供应商议价能力超强的现象。

但是现在，我们可以将供应链结构做一下变化，将其转变为“核状”供应链结构（如图 5－12 所示）——以信息技术为有效媒介，以中心地位的婴童

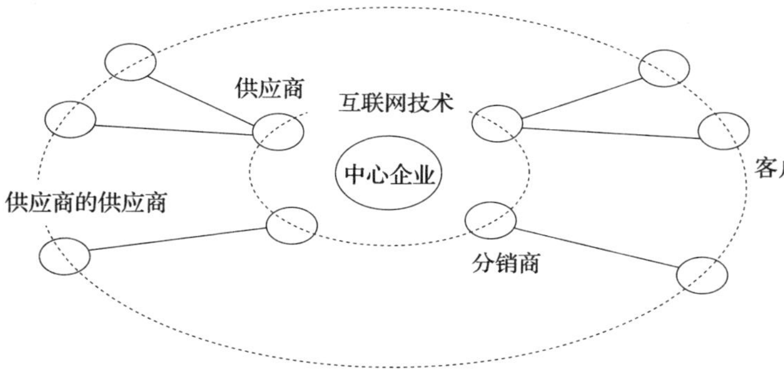

图 5－12 “核状”供应链结构

产品制造商为核心，将产业上游的供应商、下游的分销商（客户）、物流储运商以及服务商等集成为一体。这样一来，处于中心地位的婴童企业就获得了更大的话语权。

这种供应商协同模式在当下先进的信息化技术支持下很容易实现。我们从下图中可以清晰地看到这种资源整合后的关系状态：信息系统使信息的传递呈现为网状结构（如图 5－13 所示），供应链各个环节之间实现信息实时共享，减少信息传递延迟的现象。

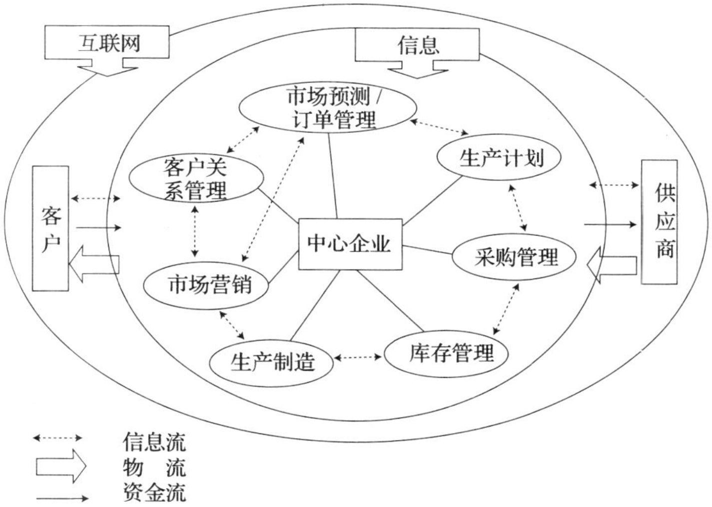

图 5－13　信息化技术支持下的供应协同模式

为了整条供应链的良好运作，在与供应商协同的过程中，处于中心地位的婴童企业必须不断总结经验教训，不断修订资源整合的路径和模式，以期实现更理想的资源整合效果。此外，亦有必要通过信息管理部门，发掘一定数量的预备供应商，以防因供应意外事件的发生而导致资源整合失败。

总之，对每个婴童企业而言，发展是无限的，而资源却是有限的。当资源无法支持企业长期发展时，企业必须有意识地对一切可利用的资源进行整合。这些资源不仅限于企业内部资源，还包括企业外部资源。如何让这些资源能为企业所用，发挥最大的整合效果，这是婴童企业必须具备的一项核心能力。这项能力直接关系着企业未来能够发展到什么程度，能够在整个产业中占据什么位置。

核心观点

➤ 婴童企业之间的竞争，成败的关键在于核心竞争力，而核心竞争力则来源于核心能力。婴童企业可以从创新能力、生产方式、品牌建设、跨界之路和资源整合五个方面来提升自己的核心能力。

➤ 婴童企业只有创新，才能建立市场壁垒，抢占市场先机，复制者和跟随者的发展之路只会越走越窄。脱离用户需求的创新，是无效的创新。需求调研和用户参与是洞察用户需求的有效方式。

➤ 婴童产业的生产方式正在迎来巨变，手工作坊式和福特制生产越来越不适应时代发展的要求，精益生产和智能制造成为未来的方向。

➤ 婴童企业品牌建设比较省力、有效的方式是：从小众市场突破，聚焦细分市场，用极致的产品和服务为消费者创造极致的体验，从而赢得口碑，建立品牌。

➤ 婴童企业可以基于产业价值链进行跨界经营，而从 IP 切入是一种有效的方式。但是，切忌盲目跨界，而是应从产业属性、业务关联、资源支持等角度进行综合考量。

➤ 婴童企业需要具备资源整合的思维，可以从横向和纵向两个维度进行资源整合。在资源整合过程中，要特别注意与供应商之间的协同。

第 6 章　未来已来

不谋万世者，不足谋一时。对于婴童产业及身处其中的婴童企业来说，既要聚焦当下，也要面向未来。但是，未来并不会一下子到来，它总是由当下慢慢演化而来。未来就隐藏在当下之中，可能已经初露端倪，未来已来。同时，当下的所作所为在很大程度上影响着未来。因此，须对未来进行战略性思考，主动拥抱未来、走向未来。

对于婴童产业来说，已经可以清晰地嗅到来自未来的一些信号，主要包括质量标准、互联网、知识产权和人才资本等。婴童企业可以主动从这些方面提前布局和重点下力，以赢得发展，赢得未来。

深度思考

质量标准为何对婴童产业如此重要?

婴童产业如何应用互联网的力量?

知识产权对婴童企业意味着什么?

如何让人才变成婴童企业的资本?

第 1 节　质量标准

非标准产品是低消费时代的产物。那时，部分婴童企业为了生存，不得不生产和销售价格低廉但质量未必达标的产品。可怕的是，即便是消费升级的今天，仍然有部分婴童企业乃至部分产区希望政府调低质量标准。殊不知，调高质量标准既是政府对婴幼儿负责的态度，更是对消费升级的具体呼应，是消灭过剩产能的一把利器。从长远来看，婴童产业的质量标准只会越来越严格，而不可能降低，未来必然会有大量企业因产品质量不达标而被淘汰。

1. 质量达标的难处

从近些年国家及地方抽检的情况看，儿童玩具产品合格率并不理想。比如，内蒙古工商部门公布的 2016 年流通领域儿童玩具商品质量抽检结果显示，抽检包括激光玩具、儿童汽车、音乐玩具、毛绒玩具等在内的儿童玩具 80 批次，合格 36 批次，不合格 44 批次，不合格率高达 55%。造成这一局面的原因，总的来说有三个：部分企业缺良知、政府监管难度大和质量标准待完善。

➤ 部分企业缺良知

毋庸讳言，婴童行业中确实存在一些害群之马，它们只以营利为唯一目的，甚至生产“三无”产品。

> 2016 年年底，在北京某小商品批发市场内，一位摊主热情地向顾客推荐“圣诞飞人”。这款号称“今年卖得最好的新型玩具”是头上绑了两个电风扇的娃娃，按下开关，风扇旋转，娃娃即可飞起来。不过，它的风扇叶片质地坚硬，而且飞行方向不可控。在摊主演示时，“飞人”乱飞乱撞，碰到东西发出很大的“哐哐”声。其外包装既没有厂址电话，也没有国家权威机构的认证标识，是典型的“三无”产品。

这些“三无”产品的不合格项多种多样，有些属于安全性能不达标，有些属于标识不达标。

问题 1：甲醛、重金属超标。

这是一个较为典型的问题。根据 GB18401-2010《国家纺织产品基本安全技术规范》要求，所有 3 岁以内婴幼儿服装必须满足最高安全级别 A 类，且须在标签上标明。但在调研过程中我们发现，消费者接触到的很多服装存在着安全性能问题。比如，部分销售商称某些婴童服装“只分大小号，不分 A、B 类”，而 B 类服装的甲醛含量限值是 A 类的 3 倍多。国家纺织制品质量监督检验中心主任王宝军痛心疾首地说：“不是看不见的致癌物超标，就是易伤人的设计缺陷明显。像甲醛严重超出标准，是无法通过一次洗涤清除掉的，它会持续地游离出来，而婴幼儿免疫系统发育不完善、皮肤娇嫩，长期穿着这样的衣服危险很大。”

问题 2：无标识或错误标识。

产品标识是消费者购买婴童产品时的一项重要的参考依据，无标识或错误标识会给消费者造成极大的误导。但是，在一些卖场中标注旧国标甚至无任何标识的“三无”婴幼儿服装却随处可见：婴幼儿服装吊牌上标有“ GB18401-2010”的胶纸，但下面却藏着印有“ GB18401-2003”的胶纸；吊牌上的原“B 类”标识被写有“A 类”的贴纸覆盖；还有部分服饰上标准、成分等信息全无。

> 调查员在一家售卖童装的实体店内随机查看了 5 款衣服，这些衣服上标注的安全技术类别皆为“GB 31701 B 类”，没有一件标注为更高要求的“A 类”。而通过网络销售的婴童服装中，存在此类问题的数量更大。一款婴幼儿肚兜的销售页面没有任何质量安全标准标识，产品安全类别更是无从谈起，商家用大幅图片来展示产品的可爱，提到质量就只说“源自天然”。比如，在一家店铺内，其展示的一款适合婴幼儿居家服虽然累计销量达 4 万多件，但是在产品信息里却仅仅标注为“安全等级：A 类”，此外便无其他更详细的标识内容了。

这些害群之马制造了大量不安全的婴童产品，对年幼的使用者们来说，这可能存在健康与安全之忧。

➤ 政府监管难度大

对于生产和销售“三无”产品之类的婴童企业，政府虽然是严格监管，但是无奈实施起来监管的难度太大。主要原因有两个，一是部分企业隐身在监管看不到的地方，甚至连厂址都难以找到；二是部分企业打擦边球，导致执法困难。

> 2017 年，一种名为“牙签弩”的小玩具在中小学生中流行开来。这个东西个头只有巴掌大，可以将牙签作为“箭”发射。牙签还可以换成针，用一块猪肉来模拟射击，两枚钢针能够深深地插入猪肉

里面，较深的一枚插入达到 4 厘米。这种玩具居然标注为适用年龄 5 岁！不少家长和网友呼吁，查缴牙签弩应从源头即生产厂家查起，此前网络上流传了一张包装完整的牙签弩玩具照片，包装背面显示生产厂商为“义乌市金牌动漫有限公司”，厂址位于义乌市廿三里工业区宝丰路 1～2 号。然而，调查发现该地址的两家企业一家是文具厂，一家是箱包厂。原来，它们的厂址被盗用了。

这就是监管部门展开工作的第一个难点——连责任人都找不到。受制于执法成本，检查人员通常只能选择大商场、大超市等渠道进行抽查，而很少能对繁多的中低档批发市场进行抽查，而这些检查不到的地方“李鬼丛生”，执法者也只能无奈建议“那些地方的商品不要去买”“那些市场的产品大半是不合格的，又大多是‘三无’产品，即便想追查、罚款、曝光都找不到人”。

当然了，这种情况相对而言比较少见，而另一种狂打擦边球的情况就常见多了。

儿童自行车的刹把设计是一个例子。

我国对刹把的握距标准是 60mm。这一标准比欧盟的 75mm 和美国的 76mm 都要严格。然而，很少有企业能完全达到这一标准。通常情况下，企业在自行车手把上装一个凸起的螺丝（如图 6－1 所示），这样在检测的时候，就会被认为是“符合行业标准”的。

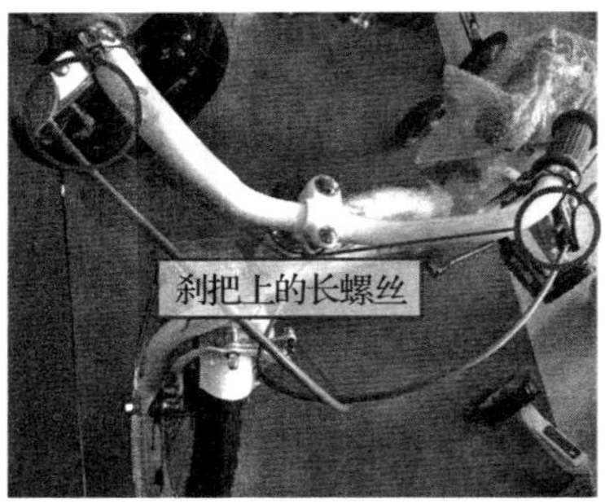

图 6－1　刹把上的长螺丝

部分婴童企业绞尽脑汁地钻质量标准的空子，蒙混过关，以减少成本、逃避责任。而之所以能够蒙混过关，这就涉及质量标准的可操作性问题了。

➤ 质量标准待完善

我国婴童行业的质量标准，主要存在以下两个方面的问题。

（1）标准的含混不清

正规经营的婴童企业在产品推向市场之前不但会自主检验，还经常会聘请专业机构进行检验，以免产品推向市场后因质量问题而被下架或召回——这类问题会给企业带来巨大的损失。

然而，即便是专业检测机构认定合格的产品，也有可能被判断为“不合格”，甚至发生过“对于同一件产品，不同检测机构给出不同的检测报告”的情况，而且两家机构又各有说辞。虽然大家最后表示这是对法规的理解不同造成的，而造成理解误差的根源则在于：标准内容的含混不清。

> 2014年，北京、河北、苏州、南京等多地学校发生“异味跑道”“异味操场”的现象，部分学生因之出现流鼻血、头晕、恶心、过敏等症状。各学校委托评测机构检测后发现，部分学校的塑胶跑道存在冒用检验合格报告、使用不良原材料等问题，但是大部分学校的跑道检测却是符合标准要求的。家长们由此发出质疑之声：“为什么无毒跑道，却散发出刺鼻的气味呢？”
>
> 事实上，这是因为当时的检测标准只规定了8种化学检测项目，而厂家在生产和施工过程中可能添加和使用的远远不止这8种有毒物质。而且，对于塑胶跑道的质量，现有的国家标准为推荐性标准，检测项目较少，很多有毒物质并没有被纳入检测项目中，因

此出现了“跑道的检测结果虽然符合国家标准，但却有毒”的尴尬境地。

所以，将更多衡量安全环保性能的质量指标引入婴童行业技术法规中，进一步提升质量标准水平，这是非常重要且必要的。为此，政府在《中国制造 2025》中已经表示，今后要积极引进更多优秀企业制定行业标准。对于企业来说，这是一个非常难得的机会——参与制定标准者将占领市场竞争的高地。

（2）国内外双重标准

2014 年，美国发生两起宜家“马尔姆”系列抽屉柜倾倒压死幼儿的事件。2017 年 5 月，美国加州又有一名儿童被曝出因宜家“马尔姆”抽屉柜倾倒而死亡。截至目前，类似事故已造成 8 名儿童身亡。2017 年 11 月 21 日，宜家宣布从北美市场召回“马尔姆”系列抽屉柜、梳妆台等一系列隐患家居。

但是，此次召回并不包含中国地区。宜家中国区公关经理许女士曾表示，此前在国外的召回事件，也只是基于美国上述标准才予以召回，除此之外，符合其他所有国家的标准，因而中国和其他国家也未启动召回。

是的，宜家的做法并不违法。但是，无论何时何地，质量安全都应当被作为第一位的考量因素，对于各消费者皆无偏颇，这是对所有婴童企业的最基本要求。所以，为了提高质量要求，解决“国外质量标准高于国内质量标准”的问题，中国政府在《中国制造 2025》中已经表示，今后制定行业标准时要逐渐与国际接轨。

以上这些难点都是客观存在的，但这都不是我们调低整个婴童产业产品质量安全标准的理由。我们当下更应做的是，提升中国婴童产品的整体生产制作水平，使企业具备生产高质量产品的能力。否则，中国婴童产业必然走上一条下坡路。

我们从三个方面来认识婴童行业中的标准问题。

第一，标准问题是行业发展的根本问题，美国、日本走过的路表明，行业标准一定会越来越高，质量要求一定会越来越严格，这一趋势不可逆。

第二，危险与机遇并存。强者主动参与标准的制定、欢呼标准的执行，弱者必遭淘汰。

第三，符合标准的企业未必盈利，但大趋势下，不符合标准的企业必然死亡。

2. 各方认知的升级

如果从总体角度来看，婴童产业产品质量问题的存在，是各方群体认知不到位的综合结果：企业方的道德良知认知不足，监管部门的监管不力，消费者的需求表达不够清晰有力。所以，为了整体提升中国婴童产业产品质量水平，对群体认知的升级行动已经箭在弦上。

➤ 企业方与监管方

事实上，要打造一个健康和谐的儿童消费市场，婴童产品的企业方（包括生产商、销售商、渠道平台）与监管方是最关键的主体。主体角色对产品质量的认知水平直接决定了婴童产业发展的最终面貌。

（1）企业方：避免“公地悲剧”

婴童市场就像一片“公地资源”。哈丁“公地悲剧”的前提是牧场属于公有产权，零成本使用，而且排斥他人使用的成本很高。“公地悲剧”框架下的婴童行业状态如图 6－2 所示。

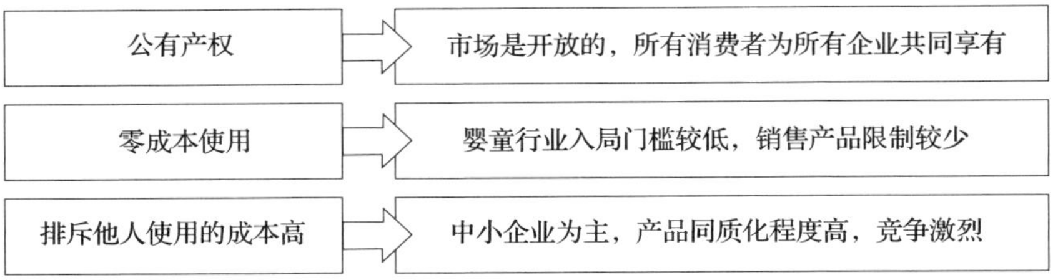

图 6－2 “公地悲剧”框架下的婴童行业

> “公地”作为一项资源或财产有许多拥有者，他们中的每一个都有使用权，但没有权利阻止其他人使用，而每一个人都倾向于过度使用，从而造成资源的枯竭。过度砍伐的森林、过度捕捞的渔业资源及污染严重的河流和空气，都是“公地悲剧”的典型例子。之所以叫悲剧，是因为每个当事人都知道资源将由于过度使用而枯竭，但每个人对阻止事态的继续恶化都感到无能为力，而且都抱着“及时捞一把”的心态，加剧了事态的恶化。

婴童行业的市场结构符合“公地悲剧”的三个基本假设。很多企业在无限制地使用公地，甚至有不法行为的企业比遵纪守法的企业获得了更多的利润，却没有遭到对等处罚。这种对产品质量问题的无视，给婴童产业带来的危害是难以估量的。

“公地悲剧”不仅仅在于人们出于自身利益考量、破坏了公地，更在于环境被破坏后难于重建。婴童市场这块公地也是如此。如今，已经有一些家庭开始为婴幼儿选择德国奶粉、美国辅食、日本奶瓶，这种消费需求恰恰是基于人们对国产婴童产品的不信任，是婴童市场公地被破坏的结果。

1994 年，美国嘉宝公司的顾问到 bobo 品牌的前身——一家进行婴童用品贴牌加工业务的工厂考察，如此描述婴童用品行业与其他行业的不同点：“我们的用户不会讲话，只会吱吱呜呜地哭。所以，婴童用品行业责任重大。如果把它当作赚钱的生意，迟早会失败，从业者必须有爱心。满怀对下一代的爱心才能做好婴童用品的事业。”

任何经济活动，最终都将归结于对良知的审视和对人性的拷问。关于对良知的审视，宁波妈咪宝婴童用品制造有限公司董事长叶伟德这样说：“在婴童用品领域，科技可以带来产品的便捷性、安全性和舒适性，但对于企业来说，更重要的是‘知良知’。”关于对人性的拷问，“凯叔讲故事”创始人王凯这样说：“我们这帮人到底做了一件什么事？到底对这个社会有什么价值？哪怕百年之后回忆起这段创业的生涯，能给自己一个什么交代？”

从这个意义上说，让婴童产业得以持续发展的不是技术或资本，而是回归本分的职业操守和道义准则。事实上，那些成功的企业都在为我们诠释着一个生存法则：并非先成为伟大的企业才去遵守游戏规则，而是能够做到坚守原则、秉持善良、懂得拒绝、有所为有所不为，才有资格成为一家伟大的企业。“不丢良知，不忘初心，不失童趣”，这并不是对大企业的高要求，而是对每一个企业的最基本要求。

（2）监管方：建设儿童用品监督体系

国务院颁布实施了《中国儿童发展纲要（2011—2020 年）》，要求加强儿童用品监管，保障儿童健康安全。各地方也陆续颁布了很多管理条例。比如，2012 年，上海市颁布《上海市产品质量条例》，其中规定，产品、赠品及奖品的质量应当不存在危及人身、财产安全的不合理的危险，有保障人体健康和人身、财产安全的国家标准、行业标准或者地方标准的，应当符合该标准。这些监督体系的正式推行，使得质量监督更加严格有效，同时也大大提高了婴童产品的安全风险预警能力。

此外，部分婴童产品的提供平台还与相关协会设立了专门的组织，以期推动自主管理。

2017 年，京东童装与中国服装协会、乐友孕婴童联合组建了京东童装升级品质联盟。中国婴童服饰领先品牌歌瑞家（greatfamily）与巴拉巴拉、笛莎、安踏儿童、361 儿童、Dickis 童装、Jeep 童装、诺帝卡童装、安奈儿、小猪班纳、爱法贝、水孩儿等知名童装品牌一同加入了由京东发起的升级品质联盟。

京东表示，京东童装品质联盟将融入全球领先的权威质检机构，更加快捷有效地帮助生产商、销售商完成权威质检的全过程。这一举措不仅为京东和生产商提供了一套系统完善的质量检测与保证体系，同时也为消费者和使用者提供了更加安全舒适的选择，创造更值得信赖的发展环境。

婴童产品提供者必须认识到，自己有责任和义务在符合甚至高于 GB 31701-2015 国家标准的基础上去设计和提供产品，并在生产到输送给消费者的过程中把好质量安全关，杜绝任何有可能出现的安全隐患，如此方能推进整个产业的健康发展。

➤ 消费者认知觉醒

2017 年 5 月，中国服装协会曾联合京东童装、乐友孕婴童发布一份《中国婴童装消费安全白皮书》，提醒消费者和婴童服饰生产商、销售组织或平台等对安全问题予以关注。

《中国婴童装消费安全白皮书》显示，消费者在购买婴童服装时最注重的三个因素是材质、款式和手感，通过更加详细的分析发现，93.4% 的消费者偏爱纯棉材质、天然纤维等，而排斥化纤材质。但是，消费者对安全标准技术内容等消费安全知识的知晓度较低。比如，40.75% 的消费者不知道婴幼儿及儿童服装有安全隐患，很少或不考虑安全问题；37% 的消费者不关注婴童装的安全技术类别，23% 的家长不知道 GB 31701 标准，仅有 27.89% 的受访者知道婴童服装产品上应明确标注“婴幼儿用品”字样，超过三成的消费者在购买婴童装时会选择深色、鲜亮的，而非浅色、柔和的产品。在对绳带这一重要安全隐患的认识上，正确知晓头颈部和背部绳带安全风险的受访者仅为 7.8%，忽略背部绳带安全风险的受访者占比高达 88%。可以说，消费者所透露出的安全知识缺乏很让人忧心。

究其原因，是因为消费者关注的点没在安全上。一部分家长因婴幼儿生长速度较快，且婴童用品更新速度也快，故而在选择服装、鞋帽、玩具等婴童用品时，抱持“能用就行”的心理，选择了所谓“性价比”高的、“款式不错、价格适中”的产品，但却忽视了对产品安全的要求。

以安全座椅为例，中国玩具和婴童用品协会数据显示，中国已有安全座椅生产厂家超过 1 200 家。而调查显示，对于大多数消费者选购安全座椅的重要参照是行业标准。他们的购买逻辑是“达标 = 安全”。

国家质量监督检验检疫局和国家标准委员会联合中国汽车技术研究中心、各大汽车厂商、知名安全座椅厂家、行业质量技术专家在欧标的基础上制定了中国 GB 27887-2011 的行业标准，并于 2012

年正式实施。

我们翻阅这份标准，可以看到一些关系产品安全性能的关键数据：台车碰撞时速 50 公里 / 小时，胸部加速度受力超过 55g 的累计时间不应超过 3 毫秒（1 秒 =1 000 毫秒）。

儿童安全座椅对孩子的保护力度是否足够？这个行业标准意味着什么？

在儿童安全座椅动态试验中，胸部加速度表示碰撞时胸部受到的一段时间内的加速度峰值，考量安全座椅在儿童所乘的汽车经受冲撞后的保护性能，如图 6－3 所示。

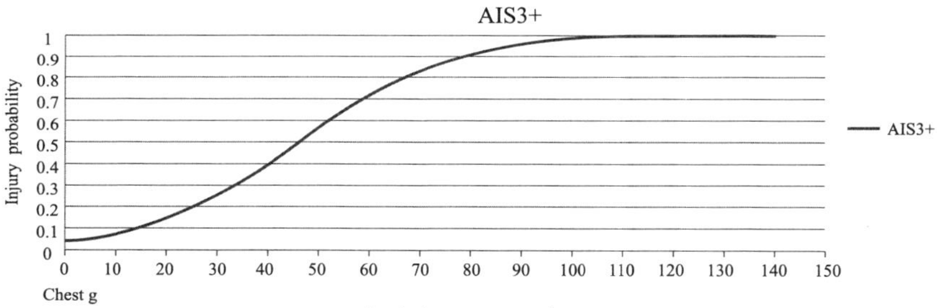

加速度	3 级
30	25%
55	65%

2 级——中等损伤；3 级——重伤（无生命危险）；4 级——严重伤（有生命危险）；5 级——危急伤
2——Moderate; 3——Serious; 4——Severe; 5—— Critical

图 6－3　儿童胸部加速度与损失概率关系曲线

简单地说，按照行业标准，汽车时速在 50km/ 时，55g 的重力加速度，儿童重伤概率是 65%！

我国首部关于婴童乘车安全的强制性国家标准《机动车儿童乘员约束系统》早已于 2012 年出台。但是，我们在调研中发现，在那些平时习惯于以车代步的家长中，却很少有人留意过儿童乘车保护问题，甚至一些家长让婴童坐在副驾驶座上，严重危及孩子的安全，而他们却浑然未觉。隐藏在这些行为背后的是部分家长安全意识的淡薄，这给不达标产品以可乘之机。与此同时，值得欣慰的是目前也有部分家长的质量安全意识开始觉醒。

杭州老爸评测科技有限公司（简称“老爸评测”），其创始人魏文锋原本是一位普通的杭州小学生家长，当然他是一位做了 17 年实验室检测工作和化学品毒理评估工作的家长。出于职业的敏感，他强烈怀疑女儿用了两年多的塑料包书膜有问题。为了验证，在文具店和网上采购了各种不同牌号的塑料包书膜，自费万元送至泰州国家精细化学品检验中心进行检测，结果发现全部有毒！于是，他建立了老爸评测微信公众号，找电视台的朋友拍摄了老爸评测纪录片——有毒包书皮，联系媒体曝光。

2015 年，魏文锋成立了消费品测评机构“杭州老爸评测科技有限公司”，立刻得到一大批家长的拥趸。目前，“老爸评测”微信订阅号聚集了大批的“粉丝”，年龄集中在 35 岁至 45 岁，以中小学生家长为主，另有将近 6 000 名“铁粉”活跃在 12 个“老爸评测”的交流群中。

这说明，伴随着舆论媒体、公众、权威人物甚至仅仅是一名家长对质量安全标准的警示与传播，越来越多的消费者开始重视质量标准问题。而因有毒包书皮的曝光，广大商家开始更新原材料，目前市场上的包书皮基本实现“无毒化”。

事实上，唯有当消费者的产品质量安全意识觉醒时，他们才会对当下产品提出更高水平的质量安全要求；而婴童企业必然会在产品质量安全性能设计时，将消费者对产品质量安全系数纳为重要的参考标准。从这个角度来说，消费者的认知觉醒和升级在有力地推动整个婴童产业的转型升级。

第 2 节 互联之道

在 2013 年全球 ICT(信息与通讯技) 论坛上，时任华为公司轮值 CEO 的胡厚崑说道："在互联网的时代，传统企业遇到的最大挑战是基于互联网的颠覆性挑战。为了应对这种挑战，传统企业首先要做的是改变思想观念和商业理念。""互联网正在成为现代社会真正的基础设施之一，就像电力和道路一样。互联网不仅仅是可以用来提高效率的工具，它是构建未来生产方式和生活方式的基础设施。"

在即将来临的互联网时代，那些与互联网脱节或结合不力的婴童企业，势必面临生存艰难的境地。因此，主动应用互联网，与互联网相融合，是婴童企业走向未来的必由之路。婴童企业可以重点从销售、生产、研发三个方面来进行互联网化。

1. 销售互联

销售互联是指企业通过互联网媒介来辅助开展产品销售活动。它的主要特征是：线下实体店销售衰落，线上销售网络成为销售常态，由此亦引发了从业者对线下零售商的重新定位。

➤ 销售渠道网络化

中国已经进入移动互联时代。据《中国互联网络发展状况统计报告》，截至 2017 年 6 月，我国网民规模达到 7.51 亿。而无论是在大街上、餐厅里，还是地铁中，人们低头刷手机屏幕的情景随处可见，几乎人人都是一个移动的终端，一个以移动终端购物方式为主的消费群体正在逐步形成。

这为婴童产品线上渠道的崛起提供了客观条件，线上渠道销量较大的同时，也导致线下实体店销量萎缩。于是，婴童产业中越来越多的企业开始与互联网接轨，以互联网为媒介平台甚至全面转型互联网运营模式，以顺应消费者新的购买习惯。

> 玩具反斗城于 2006 年进入中国，目前在中国的店铺已达到 140 家。2017 年 3 月，在日本的 161 家店铺也并入了玩具反斗城亚洲的运营体系，成为该合资企业泛亚洲区玩具连锁店网络的一部分。近两年，玩具反斗城中国业务一直保持了两位数的增速。同时，上海万象城店铺成为“新零售”的第一个样板——店内配备音乐数字、互动设备，设置数码体验区域，顾客可以与货架上配备的数字屏幕进行交互；在逛店之余，还可以参与玩具反斗城官方推出的蓝牙互动游戏。稳中有升的业绩、不断扩张的节奏、对“新零售”的战略探索，都成为全球范围内零售业大洗牌背景下可圈可点的亮点。

为何玩具反斗城能够取得如此大的成功呢?

在过去数年中，玩具反斗城（中国）一直在紧跟中国互联网浪潮，学习本土电商的运营模式：一方面，开设天猫商城旗舰店，建立自有的电商平台；另一方面，利用新媒体和消费者保持互动，用和销售终端相连接的大数据平台记录、汇总消费者信息。截至 2017 年年底，玩具反斗城中国的官方微信“粉丝”已超 200 万，并积累了超过 400 万会员家庭。与此同时，玩具反斗城在二三线城市的 55 个线下店铺已经成为承接线上流量的小型配送中心，配合线上订单，进行线下门店发货。

与玩具反斗城类似的婴童企业，在中国已经不再是少数。与之形成鲜明对比的是传统纯线下销售渠道的惨淡。集贸市场是最传统的销售渠道，也是中国婴童行业最早的销售渠道之一。但是，如今的年轻人中已经很少有人会去集贸市场“赶集”，甚至可能已经不知道“赶集”为何意。而在沃尔玛、家乐福等大型超市中，玩具和婴童用品的销售情况也同样不容乐观。

➤ 直接对接消费者

从传统渠道角度来看，国外销售市场已经被大品牌企业瓜分完毕，中国婴童产业又必须借助渠道商去开辟市场，这使得中国企业在国外销售市场步履维艰。

但是，线上渠道开辟后，中国企业终于有机会绕开外国渠道商，直接与消费者对接了。当然，中国消费者也有机会绕开中国渠道商，直接从外国供货商手中购买产品了，这都是互联网带来的结果。

> 2017 年 11 月 22 日，一批热衷网购的美国人在“黑色星期五”到来之前忽然走上街头，举牌抗议中国海淘大军跨越国门疯狂海淘的行为——“中国网购大军的速度太快，我们刚把商品放进购物车，转眼就没有了。”抗议者们愤怒地表示：“你们都有‘双十一’了，何必再来抢‘黑色星期五’？”

这起充满幽默感的事件中，传统渠道商完全被边缘化，线上销售完全占据了核心地位。而在未来，美国的“黑色星期五”、中国的“双十一”必然都会变成国际购物节，每一次购物狂欢又是在强力加大企业与消费者的直接对接频率。

而从销售市场的角度来看，国内婴童企业对国外的销售市场垂涎已久。受限于销售渠道，大多数国内婴童企业迟迟不能直接进入国外市场。如今借助互联网平台，企业便可以绕开渠道商，直接与消费者对接了。

当然，在此过程中，我们还有很多事情要完成，比如区域仓库、物流、售后等方面的问题，但这些是解决方案层面的问题。

➤ 线下零售新定位

线上销售的崛起，并不意味着线下销售就要消亡。我们可以为它进行新的定位，使之产生新的功用。

> 我们可以大胆假设：在未来，线下零售商将不再是一个单纯从事销售业务的店铺，而是一个采集数据的终端，一个开放的体验产品与分享产品的平台。比如一款婴儿推车，消费者必须通过体验去判断其重量如何、怎样单手折叠、如何实现避震、性价比如何……这些都是纯线上店铺无法提供给消费者的体验。婴童企业可以根据线下零售店铺的消费者体验反馈，来预测产品的整体市场接受度，甚至调整销售模式。

很明显，线上与线下的销售界限正在逐步模糊，产业联动与融合已经呈现出不可抵挡的态势。在这样的时代背景下，婴童企业可以以互联网为媒介，让消费者获得更加周到到位的服务体验。

2. 生产互联

生产互联是指企业通过互联网媒介来辅助开展生产活动。它的直接表现是：通过预测消费者未来需求，来安排生产计划。

➤ 订单式生产

过去，生产型企业的一个典型问题是产品库存较大。在传统生产模式下，生产必然经过这样的过程——从原材料采购到生产加工，再将成品运输至门店，这需要一段不短的时间，这段时间称为“生产周期”。在这种模式之下，消费者是直接到门店，看到产品实物之后，再付款并立刻提货。这就需要门店做好产品储备。而门店在消费者到店之前无法预测消费者的真实需求，只能凭借自己的预测，预先到企业订货。由于人们很难百分之百精准地预测消费者需求，所以，“高库存”与“缺货”这两种现象常常会同时发生。

但是，自从互联网诞生以来，消费者可以通过互联网，查阅到产品的品牌、外观、相关属性、价格、物流方式等，并通过互联网进行同类产品的对比，而后再选择产品。更有甚者，消费者还会根据自己的需要来自主设计产品。伴随着这一变化，消费者的耐心似乎突然增加了。因为消费者知道这件产品需要从某地运输而来，故而愿意由此开始耐心地等待自己需要的产品。

这些给企业开展订单式生产带来了希望——企业可以在消费者下订单后再安排生产，这使得企业的库存成本大大降低。

即便有些婴童企业生产周期过长，不得不继续沿用预测生产模式，也可以借助互联网来提高预测精度，从而降低库存风险，减少缺货造成的机会成本。

在传统模式下，在图 6－4 中，最上层的消费者购买产品，中间层的销售渠道会积累一段时间的销售数据，然后根据预测结果向最下层的厂家发出订单。

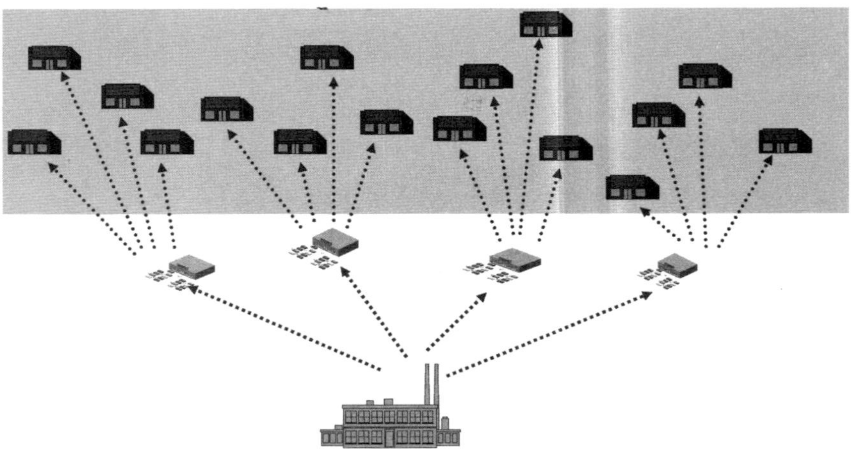

图 6－4　销售预测准确性

而在互联网模式下，当消费者产生消费行为后，消费数据会在第一时间内汇总到厂家，厂家会根据消费数据做出整体预测。那么，一边是掌握整体大数据的厂家，一边是盲人摸象的门店，哪边作出预测的准确率会更高？很显然，掌握大数据的厂家作出预测的准确率会更高一些。而且，这种模式也缩短了信息汇总与分析的时间周期。

总之，不管是直接转为接单生产，还是根据更精准的预测结果来生产，这对于消灭供给与需求的不匹配都产生了积极影响，从整个供应链角度降低了成本，提高了销售机会。

➤ 供应链整合

当然，生产互联最大的益处应该说是改善了品牌商和零售商关系。在传统模式下，品牌商为了控制库存，强迫零售商进行预测并承担预测失败的风险，而零售商苦于库存问题又拼命压低价格，最后常常导致“双输”的局面。

> 举个例子来说，婴童服装为什么这么贵？因为零售商实在猜不出现在的父母、孩子到底喜欢什么，于是倒逼品牌商推出更多的款式——总有一款产品能打动父母的心吧？于是，品牌商推出了上百款服装，但是其中只有 10 款服装卖火了，这在儿童服装业称之为“爆款”。但是，剩下的婴童服装呢？这些服装卖不出去，这在儿童服装业称之为“死款”。这些“死款”的成本要完全由爆款服装摊平，这就是婴童服装贵的原因之一。

但是，在互联网的大环境下，这一切正在改变。对此，杭州中赛贸易有限公司董事王怡峻这样说道：“品牌商和零售商必须要不断地沟通和敞开式交流，我们在行业里才能真正地为妈妈和孩子们，提供被目标消费者认同的解决方案。”

目前，这一趋势在线上业务中十分明显，一个典型的例子是乐友。乐友利用自身多年对全球母婴商品供应链及服务链的建设把控，迎合新一代消费的升级，积极进行线上线下全渠道的整合，如图 6－5 所示。这种整合表现为：品类资源全渠道合理分配、物流体系统一建设、会员数据打通等，同时采取直采直销、售后可追溯、开发自主品牌等方式，为用户提供安全、便捷、高性价比的母婴专业服务。

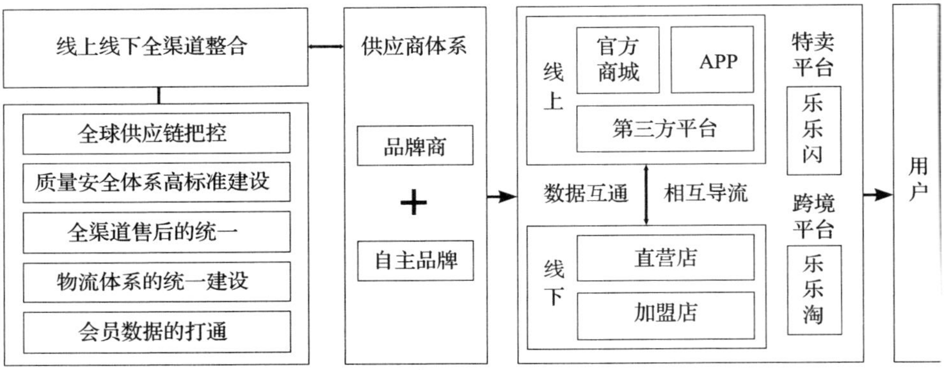

图 6－5　乐友全渠道模式解析

可以说，互联网平台的存在，使得品牌商和零售商能够更好地、更方便地获得与利用信息资源，而后以此调整产品生产与供应，最终使得供需匹配水平得以大大提高。从这个角度来看，生产互联的出现，大大加速了供应链之间的整合。

3. 研发互联

研发互联是指企业通过互联网媒介来辅助开展研发活动。从实践上来看，研发互联表现为：借助互联网来收集消费者需求，进而使得研发目标更具有针对性、研发成果更适用；同时，还可以借助互联网技术缩短研发周期。

➤ 洞察消费需求

在大数据时代，商家可以做到“比消费者自己还了解消费者”。打开手机中的“网易新闻客户端”，我们会发现每个人看的新闻都是不同的，原因何在？网易会根据客户的点击内容和点击频率去发现客户的兴趣点，然后不断地推送客户感兴趣的新闻。

婴童产业同样如此，庞大的数据资源在决定着企业的未来发展。在婴童产业中，人们的研发决策越来越是基于数据和分析而做出的，与以往基于经验和直觉的研发决策截然不同。很多爆款婴童产品，是先通过广泛获取的大数据来确认消费者的需求热点，而后再有针对性地设计出来的。

> 澄海某遥控车制造企业已经两年没有推出激动人心的产品了。过去，这家企业完全凭借老板的敏锐直觉，去找出新品研发方向。而近两年，老板的精力更多倾注到其他事业上，而研发部门因此失去了研发的方向，市场部也没有主动去探索消费者到底需要什么。在一次例会上，企业的老板直接问市场负责人：“如果在遥控汽车上增加漂移功能，这款汽车会不会受消费者欢迎？”市场部的负责人没有回答上来，因为市场部平时只关注怎样售卖，而不关注“企业应该研发出什么样的产品，才能有效地满足消费者需求”的问题。

发现市场上的流行要素，这实际上是市场部的基本职责。像案例中的市场部这样局限于接单的话，那么这个市场部乃至整个企业都会失去对市场的敏锐度。究其根源，这是企业没有大数据作为分析支持所致。与之相对应的，是无数互联网中小企业经营者们，每天盯紧京东、天猫平台上的产品销量排行榜，然后进行数据分析，力图紧密追踪市场需求的变化与趋势。

2017 年 3 月，京东母婴总经理刘利振受邀参加中国玩具和婴童用品协会主办的太湖大会，为与会人员分享京东母婴大数据，如图 6－6 所示。同年，中国玩具和婴童用品协会数据中心成立。

图 6－6　京东在太湖大会上展示婴童大数据

目前来看，上到中国玩具和婴童用品协会，中到电子商务销售平台，下到婴童产品公司，各层级的经营者都已充分认识到互联网大数据的重要性，力图从设计之初就确保产品符合市场消费需求。

➤ 缩短研发周期

从产品需求调研到产品能够推向市场，这段时间称为研发周期。在这个快鱼吃慢鱼的时代，如果研发周期过长，会给企业带来巨大的损失。互联网技术的有效引入，可以帮助企业大大缩短研发周期。

PLM 产品生命周期管理软件是一种典型的互联网技术软件，也是一种常用的产品研发管理软件或系统。这种软件可以利用整个企业的数据来进行研发。比如，金蝶 PLM 产品生命周期管理软件，它打通了企业内部“部门墙”、打通上下游“信息壁垒”，通过统一的多项目管理平台，全面汇总目标产品的相关信息，对研发环节的影响尤为突出。

此外，在产品设计图生成后，还可以借助3D打印技术，形成样品，以确认和评估产品基本功能。

广东澄海星辉互动娱乐股份有限公司是一家非常具有前瞻性的企业，它较早引入3D打印技术，用于设计打模阶段。3D打印是依托互联网而存在的一种快速成型技术，它以数字模型文件为基础，运用粉末状金属或塑料等可黏合材料，通过逐层打印来生成物体。如图6-7所示，展示出来的车模都是通过3D打印机打印出来的，除了在材料上与成品研发的车模有所不同以外，款式设计等方面几乎没有任何区别。人们可以快速看到电脑设计图变为成品后的样貌。可以说，3D打印技术的引进，使星辉公司极大地缩短了研发周期。

图6-7　星辉的3D打印车模

当互联网技术被应用到研发环节中之后，企业研发周期大大缩短，成本也随之大大降低。互联网正在推进婴童企业乃至整个婴童产业的巨变和发展。

第3节　知识产权

2011年1月13日，汕头市澄海区法院认定“李某某无视国家法律，以营利为目的，未经著作权人（广东奥飞动漫文化股份有限公司）的授权或许可，擅自修改、复制权利人的作品并予以生产销售，且情节特别严重，其行为已构成侵犯著作权罪。”把玩具仿冒认定为“侵犯著作权”行为，这在汕头乃至广东尚属首例。这一判决对于婴童行业的优秀企业家们来说，无疑是松了口气。长期以来，这些企业家们一直感慨“造品牌难，造仿制品易”。在产业转型升级的背景下，对知识产权的尊重将成为大趋势。可以肯定地说，未来那些勇于创新、拥有自主知识产权的企业才能获得更大的生存和发展空间。

1. 知识产权与侵权

1623 年，英国颁布《垄断法规》，这标志着现代意义上专利法的诞生。1790 年美国、1791 年法国、1814 年俄国和 1877 年德国等西方国家相继出台相关法律，并于 1883 年共同签署《保护工业产权巴黎公约》，专利制度的全球化进程由此展开。

➤ 知识产权及价值

通常情况下，知识产权主要包括工业产权和著作权，还有其他一些不太常见的类型，如图 6－8 所示。婴童行业经常涉及的是前两类。

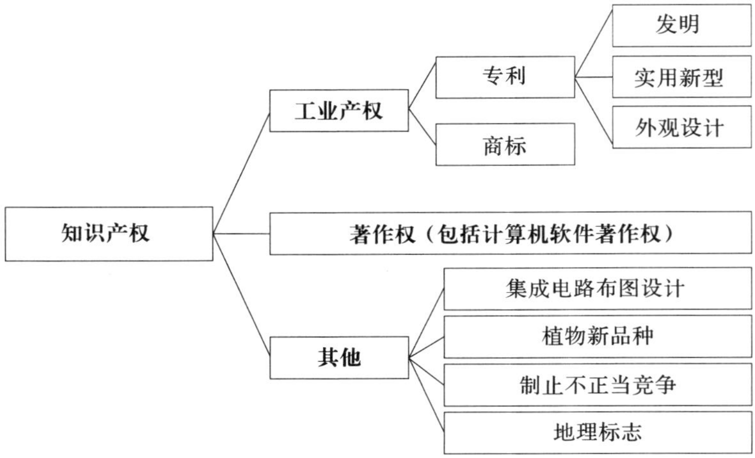

图 6－8　知识产权的分类

工业产权，也称产业产权，包括专利权与商标权。其中，专利权又包括三种类型：发明、实用新型、外观设计。商标权则是商业主体和产业活动的一项识别标志。

著作权，也称版权，是指自然人、法人或者其他组织对自然科学、社会科学以及文学、音乐、戏剧、绘画、雕塑、摄影和电影摄影等作品依法享有的财产权利和精神权利的总称。

下面我们以迪士尼为例，对这些知识产权的概念做进一步梳理和区分。迪士尼的知识产权基本上包括三类——版权、专利权和商标权。

版权包括动画形象及其演绎作品（漫画、音乐、电影等）、电影配乐等，人物装扮、服装、道具、舞台场景、灯光，以及后期的音像制品、图书等各个环节涉及的版权。

专利权不仅包括动画形象的外观设计，迪士尼乐园还自主设计、建造了娱乐设施，并在机械、电子、光学等领域获得超过 100 项专利，比如 3D 扫描或无人机。

另外，迪士尼为几乎所有动画形象都申请了商标，仅在米老鼠形象上就申请了 45 类全类商标注册，在华拥有有效注册商标逾千件。相比于有时间限制的著作权和专利权，商标可以通过续展获得无限期保护。

迪士尼通过综合运用多种类型的知识产权，打出了节目授权、商品授权、主题乐园授权的组合拳，知识产权成为利润来源的重要保障和战略依托。

据统计，迪士尼自 1930 年正式推出世界上第一份真正意义上的特许经营合同后，便开启了特许经营生财之道。米老鼠和唐老鸭、白雪公主、小熊维尼……众多动画形象为迪士尼带来滚滚利润。如今，迪士尼在全球拥有超过 4 000 家特许经营商家，特许经营范围也扩及家具、玩具、手表、服装等诸多领域，特许经营收入已占据迪士尼收入的很大比重。迪士尼能够登顶全球影视娱乐霸主之位，除了源源不断地创作优质作品之外，更离不开其对于知识产权成果的运用与经营。

毋庸置疑，获得商业回报是知识产权的最直接用途。但是，企业如果仅仅片面地计算申请知识产权的经济得失，未免低估了知识产权带给企业的权益。从大的方面来说，知识产权的价值体现至少还有以下四点，如图 6－9 所示。

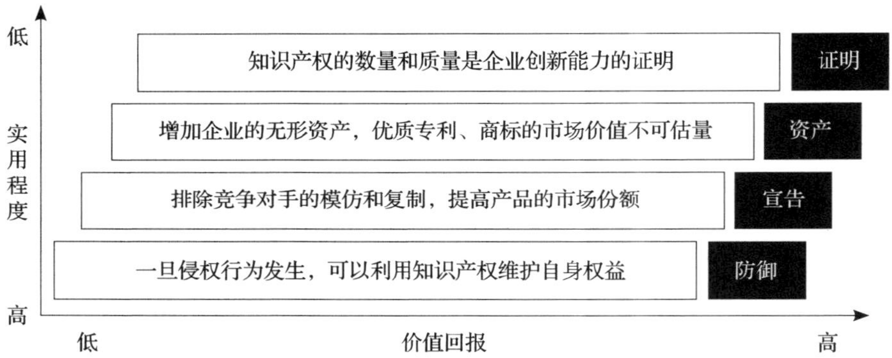

图 6－9　知识产权的价值体现

➤ 侵权的主要原因

当下很多婴童企业开始认识到运用知识产权的重要性，但是，知识产权保护力量的欠佳也给了一些企业以可乘之机。这些企业之所以敢冒侵权的风险，主要是出于两个目的：一是以模仿求快速发展，二是投机逐利。

为什么要以模仿求快速发展？这实际上是由中国婴童产业早年发展的产

业结构影响所致。中国的制造业长期居于产业价值链的低端生产环节，各种核心技能、知识产权都被外商牢牢把控，其后果是利润率极低。

一批具有商业头脑和战略眼光的企业家们不甘心一直受到外商的摆布，但是又没有足够强大的研发能力，只能采取跟风模仿的方式脱离 OEM 之列。20 世纪 80 年代，家喻户晓的“小霸王学习机”就是广东地区的电子企业模仿日本任天堂公司“红白机”的产物。此后，小霸王公司推出一系列游戏机、学习机产品，都是遵循这一发展路径。

而中国的“山寨大国”的称谓，也是因中国企业具有快速仿制能力而带来的。但是时至今日，在集体追求创新和知识产权的时代，如果仍然大肆模仿便是基于投机逐利之心了。

迪士尼在推出《赛车总动员》的时候，可能万万没想到，四年后，在遥远的中国，会出现一个相似度极高的“非孪生兄弟”。

《汽车人总动员》从 2015 年 7 月上映开始就受到广泛关注，除制作方和发行方以外，群众的态度则是一片骂声，这部口碑奇差的影片被称为“绝世烂作”。除了吐槽制作过于粗糙之外，该片最大的问题在于涉嫌抄袭《赛车总动员》，甚至连海报都相差无几。而面对广大群众的质疑，导演的回应充满了狡辩色彩：“假如有个人长得像你，那他还犯法了？难道大街上的汽车长得不像吗？”进而在其微博中直呼质疑者们为“新时代的汉奸”。然而，无论其如何强词夺理，《汽车人总动员》被迪士尼一纸诉状告上了法庭，被判侵权，赔付迪士尼 135 万元。

无论是出于无奈，还是出于投机，当中国本土婴童企业大规模地出现此类问题时，种种知识产权纠纷势必也会大规模爆发。

2. 企业专利管理

企业知识产权最直接的体现就是专利。而企业专利管理主要可以从四个方面入手，即专利决策、专利创造、专利保护和专利维护。

➤ 专利决策

企业进行专利管理，首先应该收集相关信息，查看相关专利文献。专利文献包括专利说明书、专利公报、专利文摘、专利索引、专利分类等。通过对以上文献的分析，企业要仔细斟酌自己开发技术的难度，衡量自己的能力，权衡利弊，最终做出决策。这一决策主要面向三个方面，一是“是否购买专利”，二是“是否卖出专利”，三是“是否申请专利”。

决策 1：是否购买专利。自主研发可以形成企业的核心竞争力，而为了缩减研发进程，企业还可以选择购买专利，使企业快速进入更高端的市场领域。

2016 年，浙江某产区发现河北某产区有侵权嫌疑，双方没有立刻诉诸法律，而是由产区行业协会出面协调，以特许经营的形式达成和解，每生产一台车给专利所有人提取一定的费用。

专利技术是可以购买的，专利是可以交易的，哪怕是如本案例中侵权后才对交易进行确认。当然，我们并不支持这种做法，合法的做法还是通过正常的渠道对专利进行购买。

决策 2：是否卖出专利。对于专利持有人，既可能选择通过专利交易而获利，也可能选择拒绝交易。于是，存在一种情况就是：企业查询到了相关专利，但因专利持有人拒绝交易，而只能自主开发类似技术。而专利持有人在其他企业尚未追赶上之前可以获得市场优势。

好孩子的高速安全座椅核心专利是吸能技术，应用该技术，好

> 孩子把汽车行驶标准一下子提高到时速 70 公里以上，对比行业标准的 50 公里时速具有明显优势。

这一专利属于核心竞争力，目前好孩子并未就此项专利进行交易。因而国内上千家生产安全座椅的企业中，已经有一部分选择开发新的吸能技术，但这必然需要经过一段时间。而对于好孩子来说，利用好这一宝贵的时间差，是其在安全座椅市场领域取得成功的关键所在。

决策 3：是否申请专利。专利本身意味着要公开专利内容，并且保护时间、保护区域是有限的。

> 乐高特有的“凸起管（stud-and-tube)”于 1958 年获得专利，并于 1983 年到期，之后大量的仿制品充斥于市场。在 2003 年，乐高一度滑入历史最低点。雪上加霜的是，在 2006 年，乐高积木最知名的模仿者——加拿大品牌美高（MEGA）向欧盟商标局提出，这种颗粒积木不应成为任意一间公司的专利产品，最后美高胜诉。其仿制的产品虽然在颜色、设计、耐用性上都不如乐高，但是其价格不到乐高的一半。由于没有专利，这些低端的仿制品甚至不能算侵权。

所幸的是，乐高通过众多 IP 而成为其抵御盗版的重要法律武器。同时，乐高本身对于品质的坚持，使得那些仿制品无论在积木颗粒的手感还是颗粒之间的紧密程度上，都相差较大。久而久之，充满无限创意的玩法、独特的 IP 形象以及过硬的产品质量让乐高逐渐夺回了市场。

需要注意的是，专利有一定的有效期。发明专利的有效期是在申请日起 20 年，实用新型和外观专利的有效期为自申请日起 10 年，此后将被公开无偿使用。所以，如果开发出的一项技术本身是很难被抄袭的，是很难被逆向工程，而且始终处于保密状态，那么不申请专利保护可能会给企业带来更多、更长期的益处。

> 可口可乐从 1923 年畅销至今，期间未就配方申请过专利，因而其配方号称是世界上最大的秘密。可口可乐公司的说法是："目前配方被保存在亚特兰大一家银行的保险箱内，保险箱的钥匙由三个人保管，这三个人不能同时乘坐一架飞机，避免出现意外，同时与公司签订了保密协议。"

简言之，如果婴童企业的专利保护可以实现可口可乐这样的保密效果，那么不公开专利，不申请专利保护，对企业而言可能是一种更有利的选择。

➤ 专利创造

在专利创造过程中，婴童企业要特别注意两方面的问题。

（1）创造专利，而不侵权

在婴童产业中有这样一种现象：一家立志搞创新研发的公司，其后常常跟着一群企图不劳而获的仿制者。更有甚者，一些配套商会把品牌的产品细节信息泄露给有合作关系的仿制品公司。而后，仿制品公司以略低的品质和相差悬殊的售价，快速席卷低端市场，大肆蚕食着原本属于创新先行企业的利润空间。

而且，复制者的仿冒成本极低且利润可观，企业打假和维权的难度又相对较大。按照相关法律规定，企业只能起诉抓到现行的产品，因而创新企业只能对摆在台面上的少数产品进行投诉维权，而对那些没有摆在台面上的仿制品难以予以有效的打击。

基于这种现状，很多婴童企业对于创新和知识产权开发的热情很低，而整个婴童产业的创造能力和专利成果质量自然也不甚乐观。

1990 年，好孩子遇到了前所未有的经营危机。由于产品热销，好孩子成为同行竞相仿造的目标，山寨货快速席卷市场，一家无锡的企业甚至扬言“要用 3 年时间击垮好孩子”。但是，好孩子总裁宋郑还不甘心被打败。他说：“我不相信自己会被仿冒者逼死。仿冒者仿造第一代，我就开发出第二代、第三代，让仿冒者们永远跟在我后面！”他成立了新品部，并带领团队深耕研发，其产品所具有的复杂工艺和严苛质量标准让仿造者望而却步，最终树起一道创新的技术壁垒。

到 1993 年，好孩子已经成为国内童车行业的销量冠军，年销售额达 1.1 亿元。目前，好孩子公司拥有 8 000 多项专利，连续四届获得德国“红点设计大奖”，累计参与 70 余项美国标准修订、1 项欧洲标准修订，产品畅销 78 个国家和地区。宋郑还认为好孩子之所以能够掌握竞争的主动权、在海内外披荆斩棘、取得骄人的经营业绩，“正是因为倚仗知识产权这把利剑”。

被盗版一定是坏事吗？比尔·盖茨对《财富》杂志说：“如果中国人做盗版，我们希望他们可以盗版微软的。”甚至在很长的时间里，盗版软件是可以连接微软的服务器升级的，但是便宜的盗版软件彻底摧毁了中国的操作系统产业。具体到好孩子被抄袭这件事来看，如果大家都抄袭好孩子，那么好孩子虽然难过，但是它将长期占据领头羊的位置——持续独立研发会使企业的核心竞争力遥遥领先。

（2）避免无价值的专利

从婴童行业授权专利的类型上看，“发明”类只占少数，大部分是缺乏含金量的外观设计专利。而且这些外观设计专利中，存在重复授予的现象，还有相当大一部分是“垃圾专利”。

“垃圾专利”“问题专利”广泛出现在国内各个生产领域。它们的表现形式形形色色，其共同特征是：某些产品早就被许多厂商所使用，在市面上流通许久，属于公知、公用、司空见惯的东西，比如马、牛、羊、虎、猫、狗、蛇等动物造型，却被一些厂商申请了许多外观设计专利，并以侵权为由投诉其他厂商，要求执法部门“主持公道”，令“侵权商家”哭笑不得，同时也实打实地受到打击。

> 人民网曾举过一个例子。厂商甲将一个青蛙玩具申请了外观设计专利，然后发现厂商乙也生产销售青蛙玩具，于是告乙侵权。乙觉得自己很冤枉，于是向国家知识产权局提出专利无效宣告。但是，按照法律规定，乙必须拿出证据证明自己在此前公开使用过类似的玩具。在大多数情况下，乙是拿不出来证据的，于是甲胜诉；即便乙能拿出证据，甲败诉，顶多宣告甲的专利无效，但甲不必承担任何责任。

也就是说，甲从这场闹剧中没有损失什么，但是却给乙带来了麻烦，耗费了大量精力，对产业发展没有任何益处。

➤ 专利保护

专利保护是需要投入的。婴童企业可以根据自己的经济实力情况，选择最适合的专利保护方式。

（1）聘请专业机构进行专利维护

对于大多数企业来说，最经济的做法是：与可信赖的机构合作，让专业的人处理专业的事。

主打高品质儿童自行车研发与生产的优贝，每年都会面临大大小小的官司。优贝的态度是，不能坐视不管，但不过分恋战。优贝始终认清自己的核心主业在研发和产品本身，对于这些不怀好意的追随者，他们聘用了专业的律师团队来处理，尽量减少不愉快事件对自己的干扰。值得一提的是，在对跟风者的打击中，优贝采取"自上而下"的迂回战术，不去追究厂家本身，而是针对授权给厂家的品牌商。

品牌商对声誉格外珍视，必然不允许负面消息的出现，不会对那些被授权的厂家打着自己的招牌、干着抄袭勾当的行为坐视不理。这亦可归为一种四两拨千斤的方法。

（2）组建企业内专利维护部门

少数企业把包括专利在内的知识产权视为核心竞争力，对知识产权的保护上升到了战略的高度，并纳入日常的制度建设与经营管理中，提高知识产权创造、运用、保护和管理能力。

好孩子集团从成立之初，就逐步建立和完善知识产权制度，先后制定了《专利申报与管理制度》《商标管理制度》等规章制度，将知识产权的保护贯穿在日常管理中。作为首批全国企事业知识产权示范单位，其对知识产权的保护主要包括两个方面：

一是设立法务部门。1997年10月成立法律事务办公室，专门负责知识产权保护，从市场侦查、取证、证据保全、立案，一直到诉讼、执行，面对侵权行为积极维权。至今，共立案知识产权侵权案件 127 件，法院判决和调解获得赔偿金额 3 000 多万元。

二是建立预警机制。主要包括以下五个手段：利用现代网络手段，加强专利预警管理；广泛收集同行信息，做好专利预警管理；巡视批发市场，做实专利预警管理；利用销售网络实施终端监控，做细专利预警管理；关注专利海关保护，做强专利预警管理。

（3）系统性专利保护

在中国加入 WTO 前，富有经验的外国企业纷纷到中国申请专利。当时出现的 DVD 专利费之争，清晰地呈现了一个现实问题：中国企业因缺少知识产权保护意识和产业标准，很容易遭受外国企业的压榨。

中国的产品要想进入国际市场，就必须通过国际认可的技术标准。而标准的背后是专利技术，在这一点上，外国公司比做代工起家的中国本土企业具有天然优势。当时，6C 专利联盟（包括日立、松下、JVC、三菱、东芝、时代华纳）宣布“DVD 专利联合许可”声明，要求世界上所有生产 DVD 的厂商必须向它们购买“专利许可”。

在此后的两年中，6C 与中国电子音像协会进行了多达 9 次谈判，最后达成协议。当然协议上的数字也一再被以各种理由更改和追加，从一开始的每台 DVD 支付 4 美元专利使用费，到最后每台高达 16 ～ 19 美元的专利费，大量中国厂商受到冲击，许多尚在萌芽中的国产品牌就此消亡。

这段经历可以说是中国制造企业不堪回首的旧伤。之所以影响极为恶劣，主要是基于两个原因。一是外国企业的知识产权保护极具系统性。中国企业一个发明就申请一个专利，但外国企业通常会申请一组专利：发明专利、实用新型专利、外观专利、配方、设备、工艺、商标，因此中国企业很容易“踩雷”。二是中国厂商的空间分布具有群体性。一家受波及，同时也一定会牵连其他厂商，进而影响一个行业、一个产业的整体命运。

与此同时，外国企业还对意欲出口的中国企业加以围攻——通过抢注商标的形式提前布局。中国企业在国外刚刚拓展市场时，这些外国企业便会抢注商标，申请专利。而一旦中国产品在某一国家具有一定市场占有率时，专利持有者便会开始入场，此时他们便能获得高额赔偿，且不费吹灰之力接下中国企业打下的市场。

> 2017 年 8 月 31 日，国家工商总局商标局紧急发布海外商标抢注预警，有 120 余家中国玩具企业的厂名及商标遭外籍商人在智利工业产权局抢注。

众所周知，商标注册遵循申请在先原则，抢注商标表面上有取得注册费与转让费之间可观差价利润的经济因素考虑，实则有可能是为了阻挠中国制造产品出口海外的战略防御布局。

所以，对于婴童行业的从业者来说，要正确看待国际贸易的门槛或壁垒，在知识产权方面做好各方面的准备，比如，认识到商标、专利保护的国别限制，产品出口到其他国家就要申请该国的商标或专利保护；又如，知识产权布局要先于商业布局；再如，做长线考虑，提前预埋发展脉络，可以选择成本高、时间长的自主研发方式，也可以选择相对快捷的购买或与他人合作的途径，等等。

第 4 节　人才资本

美国波士顿咨询公司在 2008 年发布的《本土 50 强巨擘企业》研究报告指出，成为“世界快速增长经济体全球挑战者 50 强企业”的六项关键成功因素是：适应本土需求、设计最新业务创新模式克服本土挑战、使用最新科技、受益于低成本劳动力并且克服技术人才短缺、快速扩大规模、保持长期超高速增长而不出现内耗。从中不难看出，人才是企业赢得未来的关键要素。

1. 人才缺口

在婴童行业，最令从业者忧虑的不仅是竞争对手多么强大，还有人才过于紧缺的问题。在婴童行业洗牌的背景下，拥有落后生产技能的产业工人将遭到淘汰，新的人才供给不足，造成短时间内难以弥补的结构性缺口。婴童产业转型升级面临“青黄不接”的人才困境，这将成为长期的挑战。

➤“用工荒”现象

婴童行业人才紧缺是个不争的事实。以其中的动漫行业为例，保守估计全国的动漫人才缺口在 30 万人左右。当然，“用工荒”的现象不仅限于动漫行业，而是几乎存在于婴童产业的大部分领域。

近几年，不少专营婴儿沐浴游泳的婴童馆颇受家长青睐，总部在杭州的嗨佩儿婴童生活馆，主营婴儿洗澡、游泳、抚触，此外还有婴幼儿理发和纪念品出售。这样的婴童馆深受年轻家长欢迎，但是却始终难逃短命的噩运。有市民反映，两年来，自己家门口先后关掉了几家婴童馆。明明是一个有市场需求且赚钱的行业，缘何频频“夭折”？

> 除了房租、水电费造成经营成本的上升，员工紧缺是其倒闭的最致命原因。“嗨佩儿”（临海店）的老板无奈地说：“给孩子洗澡没有太多技术活，但都干不久，我们刚培养好了，人又走了，有时候来洗澡的孩子特别多，给孩子洗澡的人手却不够，这是经营这一行比较头疼的事情。”

人才紧缺的苦恼几户是婴童企业所有管理者的苦恼，一些企业甚至苦于没有合适的员工而不得不离开行业。毫不夸张地说，人才问题已经成为婴童行业当下及未来发展的一个重大瓶颈。

那么，为什么一个很有发展前景的行业却会面临整体的人才匮乏问题呢？

（1）专业人才储备不足

笼统地说，这一问题的出现，离不开整个婴童行业的发展历程与发展特点。婴童行业在国内的发展历史并不悠久，从最初起步到如今，在短短三四十年的时间里，产业的发展呈现爆发性增长，甚至可以说是有些“冒进”的，这就导致了，行业本身的积淀不够深厚，自然也就没有充足的人才积累与专业储备。

（2）结构性人才短缺

近年来，人才短缺问题倒逼沿海地区婴童产业转型升级，但是转型之后依然存在较大的人才缺口。而传统的人才培养机制又长期滞后于市场需求或与实践脱节，这便导致当下的婴童产业在高端人才或高技术水平人才方面呈现出整体欠缺状态。

对此，蜜芽宝贝 CEO 刘楠表达了这样的观点：“制约一个行业发展的永远是人才问题。如果人才问题解决了，行业一定会进入高速发展期，而行业、产业的升级也一定会伴随着人才升级。”

➤ 三种人才缺口

从面向未来发展的角度来说，婴童产业中至少存在三种类型人才的缺口。唯有补足这三种人才缺口，中国婴童产企业才有能力去应对产业升级所带来的严峻挑战。

缺口 1：熟练的技术工人。在婴童产业中，人才流动与人才流失非常频繁，而留下的员工又往往过于高龄。据统计，黄岩产区的员工流失率高达 80%～90%，剩下的员工多为老龄员工（六七十岁）。那么，是什么原因造成熟练的技术工人短缺呢?

客观地说，制造型婴童企业所在地普遍缺乏对劳动力的吸引力。许多产区基本分布在经济欠发达地区，比如一些偏远的三线、四线城市，甚至乡镇一级的地域空间上。这类环境对大多数人才而言吸引力不足。另外，一些工作往往比较简单机械，重复性强，没有什么职业成就感，而且往往收入与付出不成正比。

> 一家婴童馆的员工透露："虽然给孩子洗澡看起来不是难事，可对女性来说，由于长期泡水，且长时间待在高温环境，对身体有一定的损伤。再加上工资不是很高，员工干不长久，甚至有的才来几天，就又走了。"而一些有经验的员工可能在学成之后，更倾向于另起炉灶，独自创业。

所以，对于当下的婴童企业来说，有熟练技术的工人是非常紧缺的。

缺口 2：高端管理人才。很多企业的中高层管理人员存在岗位匹配度和胜任力不足的问题，而这也将是婴童行业发展的重大瓶颈。

这是因为，许多婴童企业最初是从单店做起，而在婴童产业起步阶段，企业并不需要这些员工具备太多的专业知识或行业经验，只要踏实工作便可实现企业的业务要求和任务目标。

而伴随着企业的快速发展，业务拓展范围更为广泛，对管理人才的需求便越来越大。但是，与企业同时起步的这批员工却未必能跟得上企业的发展速度，其个人能力、专业技能乃至思想格局都存在一定的局限性，很难面向企业的未来发展而高瞻远瞩。这意味着当下的管理人才大多是难以契合当下及未来企业发展的要求的。

缺口 3：创新型、复合型人才。婴童产业要想脱离同质化、走差异化的战略路径，最基本的前提就是，要有这样一批具备开拓创新精神、聚焦婴童专业且具备跨学科整合型思维的人才。但是，目前满足条件且愿意扎根的人才却非常少。

从人才培养的角度来说，高校人才培养与产业发展和企业需求之间存在一定的断层。比如，玩具设计师这一职业，这样的人才既要了解设计，又要掌握玩具行业的技术知识，但是满足要求的人才却很少。目前，国内设有玩具设计专业的高校大约有十所，其中只有天津科技大学和南京师范大学能够培养玩具设计专业的本科生和硕士研究生；而且这些院校的玩具设计通常是作为工业设计或产品设计的一个专业方向。

另外，婴童产业对高端人才的吸引力不足。很多婴童企业在资金、技术和管理等方面并不具备竞争优势，难以吸引高端人才。不少毕业生面对现实压力时，不得不选择放弃原创而选择为海外公司代工。

北京电影学院动画学院院长孙立军道出了他们的苦衷："很多一流的人才并没有投身动画行业，而是选择了游戏、广告等工作。现在做原创的可能是三流人才，因为他们找不到那种高薪的加工业，只好选择所谓的原创。"这种畸形的人才分配结构让婴童产业发展面临每况愈下的现实尴尬。图 6－10 呈现的是不同类型员工的流失原因分析。

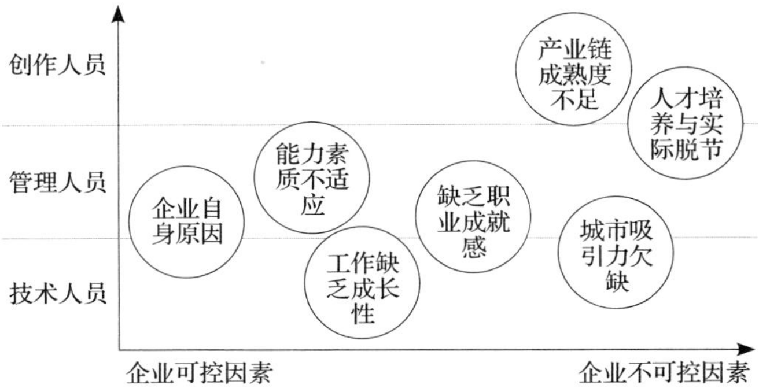

图 6－10　不同类型员工的流失原因分析

从上述分析我们可以看出，不同类型的人才流动有种种考虑，除了企业方面的因素外，还受到整个行业、产区、产业链和产教合作等诸多方面的影响。

2. 人才战略

一般而言，婴童企业可以采用人才吸引和按需培养这两种人才战略，来解决人才缺口的问题。人才吸引战略，是从大环境建设的角度去吸引人才，为企业吸引和留住当下阶段的人才；按需培养战略，是基于产业和企业的当下需求和未来需求，针对性地培养人才，从无到有地补充婴童产业人才的数量和质量。

➤ 人才吸引战略

吸引和留住人才，对现有人才资源进行有效整合，这是最直接、最快捷、最宜见效的人才战略模式。一般而言，可以从以下三个方面来提高婴童企业对人才的吸引力。

（1）空间布局与选址

企业应采取灵活的空间布局与选址策略，根据发展需要，追到人才集中的地方去排兵布阵。当下婴童行业的选址倾向是将研发中心放在北京或其他一线城市，将生产中心放在原址或就近的二三线城市。比如，湖北洋田产区将新产品研发功能迁移到拥有大量高校与毕业生的武汉。与之类似的还有设计并生产高端儿童自行车的优贝。

优贝的旧厂厂址位于慈溪，经过几年发展之后，面临着严重的人工成本上升和人口老龄化带来的招工难的问题。优贝的应对策略是在天津投资建设一座新工厂。

为什么优贝要将厂址选在天津，而不是河北平乡？优贝有自己的考虑：既然产品定位是高端的儿童自行车，因此对工人的技能和素质要求就比较高，对原材料和产业配套的要求也比较严格。在这种情况下，天津的周边产业配套比较完善，对人才有足够的吸引力，与研发中心所在的北京的交通联系更为便利。

（2）产区配套

加强产区配套建设，提高产业体系与产业链的完整性和成熟度。“栽下梧桐树，引得凤凰来”，产区魅力值增加后，人才也会相应地被吸引过来。当然，这并非企业个体所能左右的，更需要地方政府的政策指引与城市的总体规划。比如，广西、洛阳这些地区，与澄海、深圳相比，算不上是传统意义上的动漫强省、强市，但是它们已经凭借政策上的优势，从无到有地发展起来。

2010 年，广西桂林高新区文化创意产业园建成开园，短短 4 年间，该产业园区就有 100 多家企业进驻生产，涉及动漫软件开发、手机动漫、动漫图书、网络游戏和衍生产品研发、设计、生产等企业，成为推动广西文化产业发展的重要力量。2012 年，扶持动漫产业发展部际联席会议办公室发布《"十二五"时期国家动漫产业发展规划》，这是我国首次对动漫产业单列规划。与此同时，广西政府也给予当地动漫企业税收减免、租金减收等政策支持。

2012 年，河南洛阳实施中国动漫之都（洛阳）产业园项目。该产业园一期分为动漫创意研发区、商业配套区及生活配套区。产业园将与各科研机构、高校展开广泛合作，共建动漫产学研基地，打造创意和公共服务平台，定期举办行业高峰论坛，促进企业与国际化信息对接。同时，产业园将构建全球的动漫产品营销体系，覆盖动漫产品的出版、播出、演出、销售，以及相关的服装、玩具、电子游戏等衍生产品的生产和经营。动漫交易中心每年还将举行全球动漫交易博览会，吸引全球客商汇集于此展开交易。

当然，短时间内资金的大手笔投入与政策的优惠支持，可以让一个产业从一开始就处于较高的起跑线上，吸引大批人才加盟。但是任何一个产业或产区的持续发展成熟，还需要持续不断地纳入人才，并且是有实力、真正契合发展需求的人才。只有禁得住市场的考验和冲击，才真正具备竞争力。

（3）企业待遇

对于每个员工来说，企业所能提供的最直接待遇就是经济收入、福利、学习机会、发展空间等。这些企业待遇是否契合人才的预期要求，是影响人才"来、去、留"的直接因素。所以，从人才战略的角度来考虑，企业必须设计一套有效、可行、具有吸引力的人才管理机制。

乐悠游儿童游乐（深圳）股份有限公司董事长戚宁说，为了吸引和留住员工，我们公司从最初的自然人独资形式，转变为合伙人创业机制——部分优秀的骨干员工被转为公司合伙人，"自己做自已的老板”使企业人员更稳定，同时也更加积极主动地为企业发展而努力。

当然，在这一方面，我们有很多成功企业的经验可以借鉴，而完全不必局限于婴童企业的经验。比如，华为的内部股权制，为内部员工分配股份；为员工建立活动室，提供张弛有度的工作环境；安排进修学习平台，并提供岗位调整与晋升的机会，等等。这些都是吸引人才的机制设计。

人才吸引战略仅仅是针对当下现有的人才，但是婴童产业的人才总量是匮乏的。所以，要想从根本上解决行业人才匮乏、人才培养与实际需求错配的结构性问题，我们更需要主动培养人才。

➤ 按需培养战略

培养人才并不是无目的的，而要确保所培养的人才能够契合企业需要，也就是说要按需培养。而且，不仅要培养契合当下需求的人才，还要培养契合未来发展需要的人才，为企业建立一个有实力又有潜力的人才队伍。从目前来看，按需培养战略的实施可以通过以下途径来推进。

（1）校企合作

事实上，高等教育也好，职业教育也罢，目前我国的人才培养与市场需求似乎是割裂的。一边是毕业生找工作难，一边是企业用工荒。要想破解这一局面，就需要卓有成效的校企合作，而现代学徒制作为当前国际公认的职业院校教育教学的主导模式之一，成为解决这一难题的有效选择。

2011 年，天津现代职业技术学院与海鸥表业集团在原有联合培养高级技术工人的基础上，开启了“现代学徒制”的人才培养模式。学院和海鸥公司在共同调研与梳理国内外制表与维修所要求的知识、技能与职业素质的基础上，融合职业资格标准以及公司员工培训与等级认定有关内容，形成《一体化人才培养方案》。在海鸥集团，学生有专门的手表装配维修实训基地和自动车加工实训基地；在学校，海鸥有一名副总工程师和三名高级技师常驻，与学校专业教师共同教学。

从目前的效果来看，现代学徒制在解决企业招工难、用工不稳定的问题以及实现劳动者自我价值等方面确实大有可为。婴童企业亦可以此为借鉴，加强校企合作，推进现代学徒制，定向培养符合市场需求的应届毕业生，打破人才缺口瓶颈，增加市场有效供给，实现精准培养与就业。在实践中，婴童企业不妨积极参与构建创新的育人策略。

一是充分发挥产业联盟或行业协会的作用，联合众多中小企业的力量，与职业院校开展合作。2017 年 11 月，海峡两岸暨香港、澳门的十余所高校校长莅临第 8 届中国孕婴童产业发展峰会，自此开启孕婴童人才“校企合作”模式。

二是深层次、全方位参与到人才培养的过程中。企业对育人过程的参与不可停留在口头，而要改变自己的观念，对人才培养计划与方案进行深入研讨，亲自参与具体的教学实践环节，按照企业的真实需求去培养人才。2017 年 5 月，北京贝佳乐咨询有限公司正式被授权成为“北京大学【N.MBC.E】国家孕婴童紧缺人才培养工程暨大学生就业创业专项引领计划实习基地”，为婴童产业紧缺人才培养提供更为专业的指导与培训。

（2）专项培训

这通常是针对企业在职人才的培养而设立的措施。我们不得不承认，随着时代、市场的不断发展，无论曾经多么优秀的人才如果停止学习与进步，最终仍然可能遭遇“企业现有人才培养与业务拓展之间的矛盾”。所以，建立企业内部人才培训系统，是一个值得婴童企业重视的问题。

好孩子集团在2012年培训方面的投入高达600万元，共有专业培训8期、讲座2场。其中，8期浙大脱产培训主要针对中高层管理人员，每期10天、25人；2场讲座聘请上海财经大学教授授课，涉及全体员工，采取主会场与网络视频学习相结合的方式开展，确保全体员工都享有品牌知识的学习机会，加强对企业品牌战略的认识。

（3）系统培训

单纯的培训只是一些知识的传播与技能的讲授，员工只有充分理解、消化，并在实际工作中融会贯通，才能实现能力的提升。因此对人才的培养不能浅尝辄止，而是一个系统、长期、融入实践的过程。

孩子王的培训体系，其核心理念是“培训的价值应该是帮助企业业务的增长”，围绕战略目标与价值建设，结合员工个人晋升与发展的需求，将员工分为若干层次与类别，针对不同员工给予培训并将培训作为其晋升的一项重要标准，从而实现员工的快速成长。

2017年，孩子王基于自身规模扩张后的培训需要，将培训学院升级成为孩子王育儿大学，创办国内首个母婴大学，一时成为业内美谈。育儿大学的职能是为企业发展提供各项保障与支撑，助力公司实现经营目标和战略发展，培养行业内一流专业人才，构建学习型组织。

从根本上来说，婴童企业建立母婴大学的目的便是，在更高层次上培养并提升从业人员的专业能力、业务能力、管理能力与综合素质，并在工作中不断更新、理解和运用知识于实践，以此确保人才队伍有能力推进企业面向未来的发展。

当然，人才培养战略绝不能急功近利。一味追求速成，往往难以成功推进产业的转型升级。对于婴童企业来说，必须做好长期应战的心理准备，有效落实、长期推进人才培养，充分挖掘内部资源，这是企业实现快速成长、有效应对外部挑战的必然选择。

核心观点

➤ 婴童行业和婴童企业的经营，既要立足当下，又要面向未来，要用未来的眼光谋划当下；既要追求当下的活下来，又要追求未来的可持续。

➤ 随着消费的升级，消费者质量标准和安全认知觉醒，未来婴童产品的质量标准只会越来越高。质量标准的门槛提高，未来将会导致大量企业因产品质量不达标而被淘汰。

➤ 中国与国外质量标准不接轨，国内外双重标准，导致中国婴童企业进军国际市场遭遇很大阻碍，同时也给国内消费者购买国外婴童产品后的维权带来困惑。

➤ 在互联网时代，那些与互联网脱节或结合不力的婴童企业，难逃被淘汰的命运。从研发、生产、销售等方面主动应用互联网，进行互联网化，与互联网相融合，这是婴童企业走向未来的必由之路。

➤ 未来，知识产权会成为婴童企业越来越宝贵的资产和财富，同时知识产权的保护也会越来越完善和严格，"山寨"和抄袭将越来越没有生存的土壤。婴童企业必须要具有知识产权意识，一方面要做好自己知识产权特别是专利的保护，另一方面也要注意解决使用知识产权中的侵权问题。

➤ 人才是婴童产业和婴童企业最重要的资本。当前，中国婴童产业面临熟练技术工人、高端管理人才、创新型复合型人才三个方面的巨大人才缺口。婴童企业可以通过人才吸引、按需培养这两种战略来有效解决人才缺口的问题。

参考文献

[1] 李晓妍．万物互联．北京：人民邮电大学出版社，2016.

[2] 赵玉林．产业经济学：原理及案例（第四版）．北京：中国人民大学出版社，2017.

[3] 郎咸平．产业链阴谋．北京：东方出版社，2013.

[4] 郎咸平．拯救中国制造业：产业链理论实践案例．北京：东方出版社，2015.

[5] 周永亮．价值链重构．北京：机械工业出版社，2016.

[6] 赵娴．产业经济热点问题研究（第四辑）．北京：社会科学文献出版社，2016.

[7] 肖兴志．产业经济学（第二版）．北京：中国人民大学出版社，2016.

[8] 王晨．大裂变：探索新消费时代中国婴童渠道裂变路径．北京：电子工业出版社，2017.

[9] 周延鹏．知识产权——全球营销获利圣经．北京：知识产权出版社，2015.

[10] [德] 沃尔夫冈・谢弗，J.P. 库尔文．品牌思维．李逊楠，译．江苏：古吴轩出版社，2017.

[11] 水木然．跨界战争——商业重组与社会巨变．北京：电子工业出版社，2016.

[12] 陈禹安．玩具思维：改变未来行业的新思维．北京：机械工业出版社，2015.

图书在版编目（CIP）数据

婴童经济 4.0 / 孙亚彬，孙科炎著 . —北京：中国人民大学出版社，2019.3
ISBN 978-7-300-26782-1

Ⅰ . ①婴… Ⅱ . ①孙… ②孙… Ⅲ . ①婴幼儿 – 日用品 – 零售业 – 研究 ②儿童 – 日用品 – 零售业 – 研究 Ⅳ . ① F713.32

中国版本图书馆 CIP 数据核字（2019）第 038303 号

婴童经济 4.0
孙亚彬　孙科炎　著
Yingtong Jingji 4.0

出版发行	中国人民大学出版社		
社　　址	北京中关村大街 31 号	**邮政编码**	100080
电　　话	010–62511242（总编室）		010–62511770（质管部）
	010–82501766（邮购部）		010–62514148（门市部）
	010–62515195（发行公司）		010–62515275（盗版举报）
网　　址	http://www.crup.com.cn		
	http://www.1kao.com.cn（中国 1 考网）		
经　　销	新华书店		
印　　刷	涿州市星河印刷有限公司		
规　　格	170mm × 230mm　16 开本	**版　　次**	2019 年 3 月第 1 版
印　　张	17.75　插页 2	**印　　次**	2019 年 3 月第 1 次印刷
字　　数	220 000	**定　　价**	58.00 元